사토 마나부,
학교개혁을
말하다

GAKKO WO KAIKAKU SURU
by Manabu Sato
© 2012 by Manabu Sato
First published 2012 by Iwanami Shoten, Publishers, Tokyo.

SHUJYUKUDO BETSU SHIDO NO NANI GA MONDAI KA
by Manabu Sato
© 2004 by Manabu Sato
First published 2004 by Iwanami Shoten, Publishers, Tokyo.

GAKURYOKU WO TOINAOSU
by Manabu Sato
© 2001 by Manabu Sato
First published 2001 by Iwanami Shoten, Publishers, Tokyo.

This Korean edition published 2016
by Eduniety, Seoul
by arrangement with the proprietor c/o Iwanami Shoten, Publishers, Tokyo.

사토 마나부,
학교개혁을
말하다

사토 마나부 지음 | 손우정 · 신지원 옮김

에듀니티

역자 서문

학교 혁신의 바람이 전국적으로 확산, 보급되어가고 있는 중요한 시점에 꼭 필요한 책을 소개하게 되어 기쁘다. 이 책은 일본 이와나미 출판사에서 '이와나미 북' 시리즈로 발간된 사토 마나부 교수의 3권의 소책자를 하나로 모아 번역 출간한 것이다.

이와나미 북 시리즈는 시대적 주제를 신속, 정확하고 상세하게 학생, 일반 시민 등과 공유하기 위하여 누구나 쉽고 가볍게 읽을 수 있도록 발간하는 소책자이다. 따라서 이 책에 실린 세 개의 주제 즉, '학교개혁', '수준별 지도' 그리고 '학력'의 문제는 일본 학교교육의 가장 중요한 시대적 주제라 할 수 있다.

그렇다면 현재 우리 교육의 '핫'한 이슈는 무엇인가?

2009년 9월 경기도교육청을 시작으로 등장한 '혁신학교'는 학교 교육에 실망하고 지친 수많은 교사, 학생, 학부모에게 새로운 도전과 가능성의 언어로 다가왔다. 하지만 당장 무엇을 어디에서 어떻게 시작해야 할지 많은 교사가 막막해 했다. 그도 그럴 것이 우리 교육 역사상 단 한 번도 교사가 주체가 되어 학교 혁신을 이끌어 본 적이 없었기 때문이다. 그리고 학교개혁은 누구 한 사람의 열정과 헌신만으로 이루어지는 것도 아니기 때문이다. 학교를 바꾸기 위해서는 열정과 함께 진정성이 묻어나야 하고 헌신과 함께 책임이 뒤따라야 하며 무엇보다 동료성을 기반으로 하는 전문성이 필요하기 때문이다.

학교를 바꾸고 교육을 바꿀 수 있는 좋은 기회는 주어졌으나 방법과 절차를 몰라 당황해할 때 우리나라의 많은 교사에게 방향등이 되고 희망이 되어 준 것 중의 하나가 이 책의 저자 사토 마나부 교수이고 '배움의 공동체'였다는 것은 누구도 부정할 수 없을 것이다. 배움의 공동체 학교를 지향하든 지향하지 않든 적어도 학교개혁이 어떤 수순으로 나아가야 하며 무엇이 학교를 바꾸는가에 대한 물음에 많은 시사를 준 것이 배움의 공동체이다.

이 책은 사토 마나부 교수의 학교개혁을 가장 쉽게 이해할 수 있도록 집필된 책이며 아울러 학교개혁 과정에 일어날 수 있는 '수업과 학력'의 문제를 함께 다루고 있다는 데 그 특징이 있다.

이 책에서 사토 마나부 교수는 학교개혁의 필요성을 21세기 사회의 변화로부터 찾고 있으며 21세기형 학교는 21세기 사회 변화에 부응하기 위하여 '교육의 질과 평등을 동시에 추구하는 학교', '프로젝트형 교육과정' 그리고 '협동적인 배움'으로 나아가야 한다고 주장한다. 그리고 학교가 이러한 방향으로 나아가기 위해서 무엇보다 우선순위를 두어야 할 것이 '비전과 철학'의 공유이며, '활동 시스템'의 구축임을 강조하고 있다.

 배움의 공동체가 무엇인지 알고 싶으신 분, 혁신학교를 시작하시는 분, 나아가서는 교육에 우리의 희망을 걸고 있는 모든 분께 이 책의 필독을 권한다.

 '학교개혁', '수준별 지도', '학력', 이 가볍지 않은 어려운 세 주제를 한 권의 책으로 묶어 우리나라에 소개하기까지 애써 주신 에듀니티 출판부의 한 분 한 분께 다시 한 번 진심 어린 감사를 드린다.

한국배움의공동체연구회 대표
손우정

차례

역자 서문 5

1부 학교개혁을 말하다
_배움의 공동체의 구상과 실천

들어가며-개혁의 시작과 고조 13
21세기 사회와 학교 18
배움의 공동체의 비전과 철학 28
배움의 공동체 활동 시스템 35
협동적인 배움에 의한 수업개혁 40
교사 간의 동료성의 구축 57
보호자와 교육위원회와의 연계 65
국내외의 네트워크 72
지역에 파일럿 스쿨을 만들자 78

2부 수준별 지도를 말하다

급속히 퍼져가는 수준별 지도 ······ 85
수준별 지도는 시대착오다! ······ 103
수준별 지도는 유효한가 ······ 116
수업개혁에 의한 협동적인 배움으로 ······ 141

3부 학력을 묻는다
_배움의 교육과정

학력문제의 혼란 ······ 163
학력의 실태-무엇이 문제인가 ······ 176
위기의 배경-학력신화의 붕괴 ······ 192
기초학력의 복고주의를 어떻게 극복할 것인가 ······ 204
수준별 학습지도와 소인수 지도는 유효한가 ······ 215
아이들의 '배움'을 위하여 ······ 224

· 1부 ·

학교개혁을 말하다

배움의 공동체의 구상과 실천

들어가며
개혁의 시작과 고조

배움의 공동체가 표방하는 학교개혁이 확대되고 있다. 내가 학교개혁을 제창하고 실천하기 시작한 것은 지금으로부터 약 30년 전의 일이다. 그러나 이 개혁 구상이 부분적이 아니라 전면적으로 실천되고, 현실이 되어 폭발적으로 보급되기 시작한 것은 약 15년 전의 일이다.

이 구상은 1995년 니가타 현 오지야시립 오지야 초등학교와 1997년 나가오카시립 미나미 중학교에서 실천으로 옮겨지면서 실현되기 시작하였다. 그리고 이 두 학교를 모델로 하여 1998년에 카나가와 현 차기사키 시 교육위원회에 의해 '배움의 공동체' 최초의 파일럿 스쿨(pilot school)로서 하마노고 초등학교가 창설되었다.

2001년에는 시즈오카 현 후지시립 가쿠요 중학교, 2005년 이후는 히로시마현립 야스니시 고등학교, 도쿄대학 교육학부 부속중등학교, 시즈오카현립 누마즈죠호쿠 고등학교, 시가현립 히코네니시 고등학교 등이 파일럿 스쿨이 되어, 전국 각지에 다수의 거점 학교가 창설되기에 이른다. 2012년 현재 배움의 공동체 학교개혁에 도전하고 있는 학교는 초등학교 약 1,500개, 중학교 약 2,000개, 고등학교 약 300개이며, 약 300개의 파일럿 스쿨이 개혁의 거점이 되어 네트워크를 형성하고 있다.

배움의 공동체 학교개혁은 2000년 이후 해외로도 퍼져 나갔다. 먼저 나의 저서나 논문을 통해 한국과 멕시코와 미국에 도입되었고, 이어서 중국과 싱가포르, 인도네시아, 베트남, 인도, 타이완 등지에도 확대되었다. 이들 국가에서의 보급도 일본에서와 같이 폭발적이며, 특히 아시아 지역에서 가장 유력하고 유망한 학교개혁의 풀뿌리 운동으로 알려지고 있다.

왜 배움의 공동체 학교개혁은 이렇듯 교사들이나 교육행정 관계자의 뜨거운 지지와 신뢰를 얻으며, 광범위한 네트워크를 형성하게 되었을까? 배움의 공동체 학교개혁이란 무엇인가? 그것은 무엇을 어떻게 개혁하기 위한 것인가? 그리고 이 개혁을 도입하여 추진하기 위해서는 무엇을 어떻게 변혁하면 되는가? 1부에서는 이런 물음에 대하여 가능한 한 간결한 해답을 제시하고자 한다.

배움의 공동체 학교개혁의 구상과 실천에 대해서 탐구하는 것은 현대 학교개혁의 역사적, 사회적 배경을 알고, 학교라는 장소와 그 기능이 어떻게 변모해 왔는지를 아는 것이다. 동시에 학교에서 학생들과 교사들, 학부모들이 무엇을 추구하고 어떤 학교를 원하고 있는가를 아는 것이며, 동시에 오늘날 학교의 위기가 어디에 존재하며 개혁의 가능성은 어디에 잠재하고 있는지를 아는 것이기도 하다. 1부는 배움의 공동체 학교 만들기의 입문서이며, 동시에 현대사회와 학교 교육의 장래를 디자인하기 위한 길잡이이기도 하다.

그러나 배움의 공동체 학교개혁은 '방법론'도 아니고 '처방전'도 아니다. 배움의 공동체 학교개혁을 '방법론'이나 '처방전'으로 도입한 학교 가운데 학교개혁을 성공한 사례는 없다. 최근 15년 동안 이 개혁에 실패한 사례는 적지만 존재한다. 그 학교들은 배움의 공동체 학교개혁을 '방법론' 혹은 '처방전'으로 도입한 학교들이었다는 사실이 이를 증명한다.

학교를 개혁하는 것은 일반인이나 교사가 생각하는 것보다 어려운 일이다. 우리가 학교를 사회와 문화의 축소판이라 부르고 있는 이상 학교만 이상향으로 해방되는 일은 있을 수 없다. 또한 학교에 대한 사람들의 기대는 다양하며, 그것들이 예정조화적으로 일치하는 일도 있을 수 없다. 게다가 대부분의 교사나 학생, 학부모는 이미 셀 수 없이 많은 좌절과 불신을 경험해 왔기 때문에 아무리 희망에 찬 개혁이나 정책 제언을 그들에게 제시한다 해도 그 개혁에 대해 신뢰를 가지고 실천하게 하려면 많은 의문이나 불신을 극복해야만 한다.

또한 학교는 안으로부터 바뀌지 않으면 안 된다. 일본에서는 메이지(明治) 시대 이래 수많은 교육개혁이 국가권력을 중심으로 상의하달(top-down) 방식으로 단행되어 왔다. 과연 그런 방식으로 학교가 개선된 적이 있는가? 혹은 상의하달의 개혁에 의한 성과가 지금도 학교 내부에 남아 있는가?

학교개혁에 실패는 허용되지 않는다. 개혁의 실패는 학생에게도 교사에게도 그리고 학부모에게도 깊은 마음의 상처를 남기고 교육에 대한 허무주의와 냉소주의와 원한을 낳는다. 그렇기 때문에 학교개혁은 항상 신중해야만 한다. 그러나 동시에 수많은 실패를 경험하고 실패에서 배우지 않으면 개혁에 성공할 수 없다. 이것은 역설과 같다. 학교개혁은 개혁의 실패를 반복한 자만이 달성할 수 있다.

나 자신도 학교개혁에 도전하기 시작한 것은 지금으로부터 32년 전의 일인데 처음 10년 이상은 모두 실패했다. 실패한 학교 수는 1,000개 이상이다. 물론 수업개혁, 배움 개혁, 교육과정 개혁, 교내 연수 개혁, 교장 리더십 개선, 지역과의 연계 등 개별 활동에서 부분적인 개선과 개혁을 이루었지만 학교를 전체적으로 개혁하는 데는 실패를 인정할 수밖에 없다. 아주 작은 부분적 개혁도 몇 년이 지나면 도로 원상태로 돌아가 있었고, 아무리 긍정적으로 생각하려 해도 학교 전체를 지속적으로 개혁하는 힘이 될 수는 없었다.

그러나 역설적이기는 하나 1,000개교가 넘는 아픈 실패를 반복했기 때문에 현재는 아무리 어려운 상황에 있는 학교에서도 개혁을 성공으로 이끄는 방도를 디자인할 수 있게 되었다. 여기에도 역설이 숨어 있다. 학교개혁은 그것이 '가능하다'고 믿는 자에게는 달성이 불가능하다. 거의 '불가능하다'는 것을 숙지한 자만이 성공으로 이끌 수 있다. 학교를 개혁하는 것이 얼마나 어려운 일인가를 아는 것이 개혁의 첫걸음이다. 배움의 공동체 학교개혁도 예외는 아니다.

21세기 사회와 학교

21세기형 학교

배움의 공동체가 표방하는 학교개혁은 '21세기형 학교'를 실현하는 개혁이다.

'21세기형 학교'라는 테마는 1989년 베를린장벽 붕괴 이후 세계화(Globalization)를 배경으로 세계 각국에서 논의되어 왔다. 논의의 근거는 이렇다. 우리에게 익숙한 학교는 '근대학교'라 불리는 것이며, 국민국가의 통합과 산업주의 사회의 발전이라는 두 가지를 주요한 모티브로 조직되어 왔다. 냉전체제의 붕괴에 의한 세계화는 이 두 가지 기반을 무너뜨리고 있다.

베를린장벽 붕괴 후 20여 년에 걸친 각국의 교육개혁에서 '21세기형 학교'는 어떻게 구축되어 왔으며 정책화되어 왔을까? 그 전개는 선진국과 개발도상국에서 각각 다른 양상을 보이며, 선진국 중에서도 북미와 유럽, 아시아 지역에서 서로 다른 복잡하고 다양한 전개를 보인다. 그러나 OECD(경제협력개발기구) 가맹 34개국, 소위 선진국의 국가교육과정을 보면 다음 4가지 공통점을 발견할 수 있다. 이 4가지 특징이 '21세기형 학교'의 성립 기반이 되고 있다.

1. 지식 기반 사회에의 대응
2. 다문화 공생사회에의 대응
3. 격차 및 위기 사회에의 대응
4. 성숙한 시민사회에의 대응

1. 지식 기반 사회에의 대응

선진국들은 산업주의 사회에서 포스트 산업사회로 이행함으로써 노동시장이 크게 변모했다. 이에 따라 생산 노동에 종사하는 노동 인구가 격감하고, 지식정보산업의 노동시장(정보, 경영, 금융)과 대인 서비스 노동시장(복지, 의료, 교육, 문화)이 비약적으로 확대되고 있다. 이러한 변화에 맞추어 지식은 고도화, 복합화, 유동화되고 있으며, 학교 교육은 평생학습의 바탕이 되는 기초교양을 형성하고 배움의 주체로서의 학습자를 양성할 것을 요구받고 있다. 창조적인 사고와 탐구능력, 다른 이와 협동할 수 있는 의사소통 능력을 지닌 인재 양성이 요청되고 있다.

일본에서도 세계화의 흐름 속에서 생산 공장의 대부분이 노동 임금이 낮은 개발도상국으로 이전함에 따라 1990년대 이후 노동시장이 크게 변모했다. 예를 들어, 1992년 고등학교 졸업 구직인 수는 160만 명이었는데, 10년 후인 2002년에는 15만 명으로까지 급격하게 감소했다. 청년층 노동시장의 90%가 소멸한 것이다(이러한 극단적인 시장경제와 노동시장의 변화에 대하여 일본의 교육개혁은 유효한 대책을 내놓았다고 할 수 없다. 오히려 대량의 청년 실업자와 비정규직 고용자를 초래하여 장래에 대한 불안을 낳고 말았다).

2. 다문화 공생사회에의 대응

세계화에 의해 세계 각국은 국경의 벽을 넘어 다문화 사회로 이행하고 있다. 아시아 각국은 현재 EU(유럽연합)나 NAFTA(북미자유무역협정)와 같은 지역 연합을 형성하고 있지 않다. 그러나 한국과 북한, 일본을 제쳐 놓더라도 다른 대부분의 아시아권 국가가 다문화 국가임을 감안할 때 지금보다도 급속하게 다문화 공생사회로 이행할 것으로 보인다.

3. 격차 및 위기 사회에의 대응

세계화는 '포섭 또는 배제(inclusion or exclusion)'의 정치를 통해 사회를 구성한다. 그 결과 민주주의의 성숙도에 따라, 사회에 참가할 수 있는 사람들과 사회로부터 배제되는 사람들 사이에 경계선이 그어져 경제적, 문화적인 격차가 확대되어 다양한 위기가 생산되고 있다. 이러한 영향은 일본 사회에서도 심각하다. OECD의 상대적 빈곤층 비율에 관한 조사에 의하면 일본은 터키, 멕시코, 미국과 함께 빈부 격차가 큰 사회로 변모하고 있으며 취학연령 아동의 15.7%가 빈곤층으로 전락하고 있다.

4. 성숙한 시민사회에의 대응

세계화에 의해 대부분의 나라가 분권개혁(decentralization)과 규제완화(deregulation)를 추진하면서 국민국가의 보호막은 얇아지고 시민사회가 노출되었다. 이에 따라 포퓰리즘(populism)에 의한 민주주의의 위기, 공공 도덕의 붕괴, 이기주의와 개인주의에 의한 이해관계의 충돌과 소송의 격증, 개인의 정신적 부담감의 증대와 정신질환의 증대와 같은 문제가 일어나고 있다. 이러한 경향을 방치한다면 미국에서 전형적으로 볼 수 있듯이 사람들은 공공적 관심을 잃고, 민주주의는 기능하지 않게 되며, 변호사와 상담사에게 의존하는 소송사회 및 카운슬링 사회로 전락할 위험성이 있다. 따라서 세계 각국은 '시민성(citizenship) 교육'을 '21세기형 학교'의 중심 과제 중 하나로 중시해 왔다. '시민성 교육'은 세계 시민, 국가 시민, 지역 시민이라는 3가지의 '시민성'을 기르는 교육이며 주권자 교육, 공공윤리의 교육, 갈등해결의 교육, 사회봉사의 교육으로 구체화된다.

'21세기형 학교'는 또한 '질(quality)과 평등(equality)의 동시 추구'를 근본원리로 하여 구상된다. 산업주의에 의해 경제발전을 이룬 개발도상국의 교육개혁은 지금도 '양(quantity)'의 달성이 중심 목표이다. 그러나 포스트 산업주의 사회에 돌입한 선진국들은 '질과 평등의 동시 추구'가 교육개혁의 성패를 규정하는 근본원리가 된다. 이를 가장 단적으로 보여주는 것이 OECD가 2000년부터 3년 단위로 실시해 온 국제학업성취도평가(PISA)이다. PISA에 의해 세계 최고 수준으로 평가받은 핀란드, 캐나다, 호주 등의 국가들이 교육에서 성공을 거둔 것은 '질과 평등의 동시 추구'에 있다.

조용한 혁명

베를린장벽이 붕괴된 이후 20여 년간, 선진국의 학교들은 역사적 전환이라 할 수 있는 변화를 점진적으로 이루어 왔다. '21세기형 학교'의 교육 양식에서 발견할 수 있는 변화는 다음과 같다.

먼저 교육과정이 '프로그램 형'에서 '프로젝트 형'으로 이행했다. 나는 '프로그램 형'을 '계단형', '프로젝트 형'을 '등산형'이라고 부르며 두 가지 양식을 비교한다. '프로그램 형'은 공장생산 시스템의 조립라인(assembly line, 컨베이어 시스템)을 원형으로 삼는 교육과정 양식이며, 계단을 한 단 한 단 오르듯이 교육과정이 조직되어 '목표-달성-평가'의 활동 단위에 의해 단원이 조직되어 있다. 그에 비해 '프로젝트 형'은 '주제-탐구-표현' 단원으로 조직된 교육과정이며, 등산과 같이 배움의 길이 다양하며 배움의 경험 그 자체의 발전성을 추구한다. 또한 '프로그램 형'에서는 '달성목표'와 그 '결과의 평가'(효율성과 생산성)가 중시되는 반면, '프로젝트 형'에서는 배움의 경험의 '의미'를 추구하며 그 '가치'를 질적으로 평가한다. 또한 '프로그램 형'에서는 배움의 과정이 일방적이고 좁은데 비해 '프로젝트 형'에서는 배움의 과정이 복합적이고 다양하다. '21세기형 학교'의 추구는 '프로그램 형' 교육과정에서 '프로젝트 형' 교육과정으로 탈피함으로써 전개되고 있다.

두 번째로는 일제식(一齊式) 수업에서 협동적인 수업으로의 전환이다. 개발도상국을 제외하면, 칠판을 등에 지고 교탁을 중심으로 학생 개개인은 앞을 보고 교사의 설명과 발문을 듣고 공책에 필기하는 일제식 수업의 양식은 이미 '박물관'에 들어가 있다. 선진국의 교실은 초등학교 1, 2학년에서는 동그랗게 앉아서 하는 전체학습 속에서의 협동적 학습과 짝 학습으로, 초등학교 3학년 이상부터 중학교 및 고등학교에서는 남녀 혼합 4명 그룹의 협동적 학습으로 수업이 진행된다. 이러한 변화는 흥미롭게도 누군가가 제창한 것도 아닌데 세계 각국에서 거의 동시에 일어나고 있는 변화이며 나는 이 변화를 '교실의 조용한 혁명'이라고 부른다. '교실의 조용한 혁명'은 내가 관찰한 경험(25년간 20개국 이상의 300개교 이상을 방문)에 의하면 1980년대에 캐나다를 중심으로 퍼져 1990년대 전반에는 미국에, 후반에는 유럽 각국에 보급되어 2000년대 이후에는 아시아 각국에 침투되었다.

수업과 배움의 양식의 '조용한 혁명'은 포스트 산업주의 사회(지식 기반 사회)로의 이행에 따라 일어난 가장 전형적인 학교 교육의 변화라 해도 좋을 것이다. 창조적이고 탐구적인 배움에 의한 지식활용 능력과 정보처리 능력의 형성 그리고 살아있는 사회적 맥락에 입각한 문제해결 능력이나 의사소통 능력의 형성과 같은 '21세기형 교육'에 대한 요청이 '교실의 조용한 혁명'의 추진력이 되고 있다. 또한 칠판에서 전자칠판으로의 이행으로 '교실의 조용한 혁명'은 한 층 박차를 더하여 진행되고 있다(전자칠판의 보급에 있어서도 일본은 세계 각국에 많이 뒤처져 있다).

'교실의 조용한 혁명'은 2000년 이후 중국, 한국, 타이완, 홍콩, 싱가포르, 인도네시아, 말레이시아 등 아시아 각국에서 세계의 다른 어느 지역보다도 빠르게 진행되었다. 이 나라들의 특징은 국가정책에 의한 상의하달 식으로 '21세기형 학교'로의 이행이 단행되고 있다는 점이다. 그 이유는 동아시아 지역이 세계화에 의한 국제경제에서의 경쟁이 가장 치열하며 구 교육에서의 탈피에 성공하느냐 실패하느냐가 국가존망의 열쇠를 쥐고 있기 때문이다.

물론 국가가 주도하는 상의하달식 교실 혁명이 교육의 '질과 평등의 동시 추구'를 달성할 수 있을지는 앞으로의 진전을 보고 판단하지 않으면 안 된다. 그러나 이미 교사에 의한 일방적인 설명을 중심으로 하는 수업이나 입시공부의 암기 중심적인 배움이 이후 아시아 지역에서 부활하지는 못할 것이라는 점은 확실하다.

세 번째는 학교 기능의 변화이다. 1990년대 이후 진행된 분권개혁에 의해 학교에는 자율성이 주어졌고, 지역 공동체에서 문화와 교육의 센터로서의 기능을 요청받고 있다. 또한 '질과 평등의 동시 추구'는 교사의 직업 능력의 고도화와 전문직화를 촉진하고 있다. 오늘날의 학교는 교사가 교육의 전문가로서 서로 배우는 곳(professional learning community)이 되어 지역 공동체의 문화적 센터 역할을 담당하고 있다.

배움의 공동체를 표방하는 학교개혁은 앞서 말한 3가지 요건을 충족하는 '21세기형 학교'로써 구상되었으며 그로 인해 국내외 많은 학교에서 실천되어 폭발적으로 확대되고 있다.

캐나다의 교실(초등학교 1학년: 1980년대)

캐나다의 교실(고등학교: 1980년대)

미국의 교실(초등학교 5학년: 1990년대)

프랑스의 교실(초등학교 4학년: 1990년대)

독일의 교실(초등학교 1학년: 1990년대)

스웨덴의 교실(중학교: 2000년대)

핀란드의 교실(초등학교: 2000년대)

핀란드의 교실(중학교: 2000년대)

한국의 교실(중학교: 2000년대)

중국의 교실(초등학교: 2000년대)

※이 책의 모든 사진은 저자가 촬영한 것임.

배움의 공동체의 비전과 철학

비전의 우선순위

학교개혁에 대해 교사들에게 이야기하면 늘 '시간이 없다', '사람이 없다', '자원이 없다'라는 대답이 돌아온다. 개혁에 있어서 가장 부족한 것은 비전인데, 그것을 지적하는 교사는 드물다. 비전이 없으면 아무리 시간과 에너지, 사람, 자원을 투입해도 헛수고로 돌아간다. 모든 개혁에 있어서 '비전이 제1의 우선순위이다(vision is the first priority).'

'배움의 공동체'는 학교개혁의 비전이며 철학이다. 왜 학교를 개혁하는 것일까? 학교가 담당해야 할 중심적인 책임은 '특색 있는 학교'를 만드는 것일까? 아니면 학교개혁의 중심 목적은 '학력 향상'일까? '국제경쟁에서 살아남는 인재의 육성'일까? 혹은 '우수한 수업을 만드는 것'일까? 그렇지는 않을 것이다.

학교의 공공적인 사명과 책임은 '한 명의 학생도 빠짐없이 배울 권리를 보장하고 그 배움의 질을 높이는 것'에 있으며, 배움의 '질과 평등의 동시 추구'를 통해 '민주주의 사회를 준비하는 것'에 있다. 교사의 사명과 책임도 마찬가지이다.

그러나 이 목적을 실현하는 것은 쉬운 일이 아니다. 교사들과 교육관계자들의 헌신적인 노력에도 불구하고 학생들은 학년이 올라갈수록 배움에 대한 희망을 잃고 배움으로부터 도주하고 있다. 이것이 일본의 학교 교육의 현실이다. 교사나 교장이나 교육청의 노력이 부족해서가 아니다. 문부과학성의 조사에 의하면 교사의 주간 평균 노동시간은 52시간에 달하는데, 이는 법률이 규정하는 주당 40시간을 12시간이나 초과하는 것이다. 노력이 부족한 것이 아니라 학교정책과 교사가 기울이는 노력의 방향이 잘못되어 있는 것이다.

교사의 일은 저글링(juggling)에 비유할 수 있다. 교실에서 교사는 이쪽 학생을 봐 주면서 저쪽 학생의 질문에 답하고 수업의 진도를 신경 쓰면서 교재를 어떻게 다룰지 생각하며 다음 학습 활동을 준비한다. 꼭 저글링과 같다. 교무실에서도 저글링은 계속된다. 급식비 계산을 하면서 내일의 교재와 수업을 준비하고 교무회의에 참석하고 서류를 만들 계획을 세우고 수학여행에 오지 않은 학생에게 어떻게 대응할지 고민하고 서클 활동으로 다른 학교를 방문하기 위한 신청서를 낸다.

오늘날의 학교 위기 중 하나는 교실도 교무실도 저글링 상태에 빠져 셀 수 없이 많은 공이 오가고 있는데, 거기에다 학교 밖에서는 '이것도 해라', '저것도 해라' 하며 새로운 공을 끊임없이 투입하고 있다는 점에 있다. 교사들의 가장 큰 불만은 '너무나 많은 과제(업무)가 학교 밖에서 쏟아져 들어오고 있다는 것'이다. 과도한 교육개혁이 교실과 교무실의 저글링 상태를 한 층 더 과격하게 만들고 있다.

저글링 상태의 학교에서 비전을 갖지 못한 교장은 학교 밖에서 들어오는 모든 공을 돌리려 하다가 교사와 학생을 무너뜨린다. 비전을 갖지 못한 교사도 교실 바깥에서 요구하는 모든 공을 돌리려 하다 학생들을 망가뜨린다. 그렇기에 무엇보다도 비전이 중요하다. 비전이 확고한 교장은 불필요한 공은 잠시 옆에 두고 가장 중요한 공만 돌리고 교사와 학생들을 저글링 상태로부터 구출한다. 명확한 비전을 가진 교사는 불필요한 공은 옆에 두고 필요한 공만을 돌리고 학생 한 명 한 명의 배움을 보장하며 질 높은 배움을 실현하고 있다.

그렇다면 배움의 공동체로써의 학교란 무엇인지, 그 정의를 제시하고자 한다.

> 배움의 공동체 학교는 학생들이 서로 배우고 서로 성장하는 곳이며, 교사들이 교육 전문가로서 서로 배우고 서로 성장하는 학교이며, 학부모나 시민도 학교개혁에 협력하고 참가하며 함께 배우고 성장하는 학교이다.

배움의 공동체의 학교는 이 비전에 의해서 학교의 공공적 사명인 '한 명도 빠짐없이 학생의 배울 권리를 실현하고 그 배움의 질을 높이는 것'과 '민주주의 사회를 준비하는 것'을 실현하고 있다.

배움의 공동체의 철학

나는 배움의 공동체 학교개혁은 3가지 철학에 근거하고 있다고 말한다. 그 3가지는 공공성의 철학(public philosophy)과 민주주의(democracy) 철학, 탁월성(excellence)의 철학이다.

1. 공공성의 철학

학교는 공적 공간이며 안으로도 밖으로도 열려 있지 않으면 안 된다. 학교개혁의 첫걸음은 교실을 여는 일에 있다. 교실을 닫고 있는 교사가 한 명이라도 있는 한 어떤 학교개혁도 실현할 수 없다. 이것이 내가 긴 세월 동안 겪은 실패에서 얻은 교훈이다.

나는 아무리 우수한 실천을 하는 교사라도 일 년에 한 번도 동료 교사에게 교실을 공개하지 않는 교사는 공립학교 교사로 인정하지 않는다. 이런 교사는 학생들을 자기 것으로 생각하고, 교실도 자기 공간으로 생각하고, 교직이라는 일도 사적인 일이라고만 생각하기 때문이다. 학교를 공적인 공간으로 기능시키기 위해서는 최소한 일 년에 한 번은 자신의 수업을 공개하고 모든 동료 교사와 함께 학생을 키워가는 관계를 구축할 필요가 있다.

2. 민주주의 철학

학교만큼 민주주의의 중요성이 강조되는 곳도 없지만, 학교만큼 민주주의가 기능하지 않는 장소도 없다. 여기서 말하는 '민주주의'란 다수결을 의미하는 것도 아니고 정치적인 절차를 말하는 것도 아니다. 존 듀이가 정의하듯이 '다른 이와 함께 살아가는 삶의 방식(a way of associated living)'을 의미한다.

학생 수가 350명 정도 되는 한 중학교에서 1년간 교무실에서 한 번이라도 이름이 오르내리는 아이가 몇 명인지 조사한 적이 있다. 교무실에서 이름이 불린 학생은 전체 학생의 약 10%에 지나지 않았다. 문제를 일으키는 학생, 학력이 낮은 학생, 아주 학력이 높은 학생 그리고 서클에서 활약하는 학생 등이다. 이 학교를 민주주의가 존중되는 학교라 말할 수 있을까? 아니다. 한 명의 학생도 빠짐없이 그 고유명으로 불리고 화제가 되는 학교가 아니면 민주주의 학교라 말할 수 없다.

교사 집단에서도 민주주의는 무시되고 있다. 직원회의에서 늘 같은 사람만 발언하는 학교, 목소리가 큰 교사의 의견에 의해 학교 운영이 좌우되는 학교, 수업협의회에서 한 마디도 하지 않는 교사가 있는 학교는 결코 민주주의적인 학교라고 말할 수 없다. 목소리 큰 교사 중에 우수한 교육 실천자는 없다. 우수한 교사는 누구나 조용한 교사이다. 조용한 교사들이 맘 편하게 일할 수 있고 그들의 작은 목소리가 학교운영에 반영됨으로써 학교가 활성화되고 질 높은 교육을 가능하게 한다. 학생도 교사도 교장도 학부모도 한 명 한 명이 주인공(protagonist)이 되어 협동하는 학교가 아니면, 학교개혁은 성공할 수 없다.

학교와 교실에 민주주의를 실현하기 위해서는 학생과 학생, 학생과 교사, 교사와 교사 간에 '서로 듣는 관계'를 만들어야 한다. 학교만큼 대화의 중요성이 강조되는 곳도 없지만, 학교만큼 대화가 실현되지 않는 곳도 적다. 교장의 말은 독백이다. 교무회의에서의 교사의 발언도 독백이다. 교실 안 학생의 말도 독백이다. 서로 듣는 관계가 대화를 준비하고 대화적인 의사소통을 만들어 배움의 공동체의 실현을 가능케 한다.

3. 탁월성의 철학

수업과 배움은 모두 탁월성을 추구하지 않고는 풍성한 성과를 낼 수가 없다. 여기서 말하는 탁월성은 다른 사람과 비교해서 우수하다는 것을 의미하지 않는다. 어떤 조건에서도 그 안에서 최선을 다하는 탁월성을 말한다. 언제나 최고를 추구하지 않으면 제대로 된 수업이나 배움을 실현시킬 수 없다. 학생의 능력이 낮다고 해서, 가정환경이 어렵다고 해서 배움의 수준을 낮추어서는 안 된다. 교사도 마찬가지다. 자기 몸이 안 좋아서 혹은 바쁘다고 해서 수업의 수준을 낮추어서는 안 된다. 학생에게도 같은 것을 요구할 필요가 있다. 어떤 조건에서도 정중함과 섬세함을 소중히 하여 최고의 배움을 추구하는 것을 습관으로 삼게 해야 한다. '교육은 습관의 형성이다'라는 듀이의 지적은 탁월성의 철학에 의해 뒷받침되어야 한다.

일반적으로 수업 중 과제의 수준이 너무 낮다. 이제까지 10,000번이 넘게 수업을 관찰해 왔지만, 과제 수준이 너무 높아서 실패한 수업은 거의 본 적이 없다. 거의 대부분 수업의 실패는 과제 수준이 너무 낮은 것에 기인한다. 과제 수준을 높여서 탁월성의 철학을 추구하는 것은 교사와 학생에게도 배움에 있어 가장 중요한 윤리인 겸허함(modesty)을 키우는 것이 된다.

배움의 공동체 활동 시스템

개혁의 활동 시스템

배움의 공동체 학교개혁은 앞서 말한 비전과 철학에 입각하여, 그 실현을 위하여 다음 3가지 활동 시스템으로 구성되어 있다. 교실에서의 협동적인 학습(collaborative learning), 교무실에서의 교사의 배움의 공동체(professional learning community)와 동료성(collegiality)의 구축, 보호자나 시민이 개혁에 참가하는 학습 참가가 그것이다. 이 3가지는 앞서 말한 비전과 철학을 교사와 학생의 일상적인 활동으로 구체화하기 위한 시스템이며, 자연스럽게 또 필연적으로 배움의 공동체가 구축되기 위한 장치이다.

왜 이 3가지 활동 시스템을 고안했을까? 그 배경에 대해 말해두겠다. 앞에서도 이야기했지만, 나는 처음 약 10년간 1,000개가 넘는 학교에서 개혁에 실패한 쓴 경험이 있다. 그 개혁들은 언제까지나 부분적인 개혁에 멈추었고 학교 전체를 개혁하는 데 미치지 못했다. 원래 학교개혁은 어느 요소를 대상으로 하든지 부분적으로만 개혁하는 것은 불가능하다.

10년 동안의 실패에서 가장 힘들었던 것은 개혁에 의해 학교 내부가 분열되고 마는 것이었다. 한 편에서는 개혁에 열심인 교사가 출현하지만, 또 한 편에서는 개혁을 미심쩍게 생각하고 저항하는 교사가 나타난다. 그러면 학교는 내부 분열 상태가 된다. 어떠한 학교개혁도 절대로 내부에 대립이나 분열을 일으켜서는 안 된다. 내부 분열로 피해를 보는 것은 결국 학생들이고, 개혁에 진지하게 참가한 양심적인 교사들의 마음에 깊은 상처를 남기고 만다. 교내에 분열을 일으킨다면, 차라리 개혁을 시작하지 않는 것이 좋다. 개혁이 가져다주는 불이익이 개혁에 의한 이익보다도 훨씬 크기 때문이다.

또 하나의 어려운 문제는 '배움의 공동체' 학교개혁을 아무리 어려운 조건에 있는 학교에서라도 실현 가능한 개혁으로 다듬어가는 일이었다. 아무리 힘든 조건에서도 실현 가능한 개혁이 아니면, 교장이나 교사나 교육청의 신뢰를 얻을 수가 없다. 학교개혁은 최첨단의 지혜와 막대한 시간과 에너지를 필요로 하는 어려운 일이다. 그러한 개혁을 추진하기 위해서는 학교개혁의 비전과 철학과 접근법이 그 자체로 신뢰할 만하고 도전할 가치가 있지 않으면 안 된다. 그렇다면 아무리 심한 악조건의 학교에서도 실현 가능한 학교개혁은 어떻게 설계할 수 있을까?

이러한 의문에서 '3가지 철학'과 '활동 시스템'이 고안되었다. '활동 시스템'은 그 시스템에 참가하는 교사와 학생이 스스로 3가지 철학(공공성의 철학, 민주주의의 철학, 탁월성의 철학)을 체득할 수 있게 고안했다.

교사에게 '활동 시스템'은 중요하다. 교사들은 학교개혁의 정책을 결정하고 추진할 때 우선 교내에서 서로 이야기를 통해 모든 것을 결정하려 한다. 그러나 이야기를 통해 개혁 정책이 결정되는 경우는 드물다. 교사들은 단순하게 '서로 이야기하면 공통적인 이해에 도달할 수 있다'고 믿고 있으나, 학교개혁의 정책에 대해 이제까지 서로 이야기하여 합의에 이른 경우가 과연 있을까? 나는 '이야기를 통해 공통의 이해에 이른다'는 것은 불가능하다고 생각한다. 특히 어려운 조건을 가진 학교에서는 '이야기를 하면 할수록 사이가 나빠지는' 것이 현실이다. 서로 이야기하는 것이 반드시 민주주의로 이끈다고는 할 수 없다. 오히려 서로 이야기함으로써 정통성이 의심되는 개혁이 '절차적으로' 정통화되는 경우가 더 많지 않은가?

그렇다면 학교개혁에 있어 민주주의를 실현하기 위해서는 어떻게 해야 하는가? 먼저 개혁의 '비전'과 '철학'에 대해 합의하고 그것을 실현하는 활동을 시스템으로 설정하는 수밖에 없다. '활동 시스템'이라는 장치는 이렇게 하여 구상된 것이다.

교실에 학생의 '협동적인 배움'을 도입하는 것도, 수업 연구에 의한 '교사의 배움의 공동체'(동료성)를 구축하는 것도 그런 시스템을 통해 학생과 교사가 한 명도 빠짐없이 질 높은 배움을 추구하고 공공성의 철학과 민주주의 철학과 탁월성의 철학을 활동을 통해서 체득하게 하려는 장치인 것이다. 학생의 배울 권리를 실현하고, 교사의 전문가로서의 성장을 보장하고, 지역 대다수 보호자의 신뢰를 형성하는 배움의 공동체의 비전에 반대하는 교사나 학생, 학부모는 없다. 배움의 공동체의 3가지 철학, 즉 공공성의 철학, 민주주의의 철학, 탁월성의 철학에 반대하는 사람도 없다. 이 비전과 철학의 실현을 토론과 대립 없이 추진하는 것이 '활동 시스템'인 것이다.

단, 이러한 활동 시스템이 유효하게 기능하기 위해서는 하나의 조건이 준비되지 않으면 안 된다. 그것은 대화적인 의사소통이다.

학교에 대화를 성립시키는 근본적인 기초는 교실과 교무실 그리고 학교와 지역 사이에 '서로 듣는 관계'를 구축하는 데 있다. 서로 듣는 관계가 대화적인 의사소통을 실현하고 그것을 통해 학생과 교사의 배움이 실현되고 배움의 공동체가 창조된다. '다른 사람의 목소리를 듣는 것'은 배움의 출발점이며, 대화적인 의사소통으로 구성되는 민주주의의 기초이다.

협동적인 배움에 의한 수업개혁

소그룹의 배움이 가져다주는 것

배움의 공동체 학교개혁에서는 초등학교 저학년은 전체학습과 페어학습에 의한 협동적인 배움을 중심으로 그리고 초등학교 3학년 이상과 중·고등학교에서는 남녀 혼합 4명 그룹에 의한 협동적인 배움을 중심으로 수업을 조직한다. 이런 양식은 앞서 말한 것처럼 개발도상국이나 북한과 같은 특수한 국가를 제외하면 오늘날 세계적인 표준이 되고 있다. 그러나 배움의 공동체 학교개혁이 협동적인 배움을 중심으로 수업을 조직하는 이유는 그것 때문만은 아니다.

첫 번째는 협동적인 배움은 배움의 본질이기 때문이다. 전통적인 학습심리학은 학생의 배움을 개인의 활동으로 연구해 왔는데, 어떠한 배움도 개인으로 이루어지는 것은 없다. 개인이 할 수 있는 것은 '연습'과 '기억' 밖에 없다. 모든 배움은 새로운 세계와의 만남과 대화이며, 대상과 다른 사람, 자신과의 대화에 의한 의미와 관계의 재편성이며, 대화와 협동에 의해 실현된다. 배움은 스승과 친구를 필요로 하기에 근본적으로 협동적이다. 학문을 의미하는 'discipline'은 중세에는 '제자의 공동체'를 의미했고, 연구를 의미하는 'study'는 '우정'을 함의하고 있었다.

두 번째로 한 명도 빠짐없이 학생의 배울 권리를 실현하기 위해서는 협동적인 배움을 통해 학생들끼리 서로 배우는 것 이외에는 방법이 없기 때문이다. 4명 이하의 소그룹에서의 서로 배움은 어떤 형태의 수업보다도 강제적으로 배움을 촉진하는 기능이 있다. 일제식 수업이라면 듣는 척만 하고 배우지 않고 넘어갈 수 있다. 그러나 4명 이하의 소그룹에서는 모든 아이가 참가할 수밖에 없다. 이러한 배움의 강제 기능은 한 명의 학생도 빠짐없는 배움을 성립시키는 데 지극히 중요하다.

세 번째는 소그룹의 협동적인 배움이 저학력 학생의 학력을 회복시키는 기능을 발휘하기 때문이다. 저학력 학생에게 대응하기 위해서는 교사의 지도법을 개선해야 한다고 생각하는 교사가 많다. 그러나 실제로는 교사만의 노력으로 저학력 문제를 해결한 사례는 드물다. 교사 한 명이 초등학교의 경우에는 통상 40명 가까이, 중·고등학교에서는 200명 가까운 학생을 가르친다. 저학력 학생 한 명 한명에게 맞춰 지도할 수 있다는 생각은 환상에 가깝다. 그러나 소그룹 협동학습에 참가함으로써 학력이 낮은 학생이 학력을 회복한 사례는 수없이 많다.

네 번째는 협동적인 배움이 학력이 높은 학생들에게도 더 높은 학력을 보장하는 길이기 때문이다. 단, 여기에는 조건이 있는데 협동적인 배움이 '점프의 과제'라 부르는 높은 수준의 과제에 도전하는 것이어야 한다. 일반적으로 협동적인 배움은 학력이 낮은 학생에게는 유리하지만, 학력이 높은 학생에게는 불리하다고 생각하는 사람이 많다. 협동적인 배움이 저학력 학생의 수준으로 이루어지고 그 수준에 멈추어 있다면, 학력이 높은 학생은 그냥 제자리걸음만 하니 불리하게 작용한다는 주장은 납득할 수 있다. 그러나 이에 대해서는 더욱 상세한 검토가 필요하다.

보통 배움의 공동체 학교의 협동적인 배움에서는 누구나 다 이해해야 하는 '공유 과제(교과서 수준)'와 그 이해를 바탕으로 하여 도전하는 '점프 과제(교과서 수준 이상)'의 두 가지 과제로 수업을 디자인하고 있다. 흥미롭게도 교실을 자세히 관찰해 보면 '공유 과제'로 가장 득을 보는 것은 학력이 높은 학생들이며, 반대로 '점프 과제'로 득을 보는 것은 학력이 낮은 학생들이라는 것을 점차 알 수 있다. 이는 무엇을 의미할까?

'공유 과제'에서는 보통 교과서 수준의 내용을 개인 활동의 협동화라 부를 수 있는 소그룹의 협동적 배움으로 조직한다. 개인 활동의 협동화란 글자 그대로 개인 활동을 서로 도와가며 진행하는 협동적인 배움의 스타일이다. 보충하자면 '공유 과제'를 개인 활동의 협동화가 아니라 그룹별로 한 장의 종이를 주고 서로 배움을 활성화시키는 것은 바람직한 방법이 아니다. '공유 과제'에서는 한 명 한 명이 확실하게 내용을 이해하는 것이 중요하다. 그룹 전체에 한 가지 활동으로 협력하게 하면 잘하는 학생이 중심이 되고 모르는 학생들은 조연으로 빠져 버린다.

개인 활동의 협동화에서는 잘 모르는 학생이 "이거 어떻게 하는 거야?"라고 물어보는 것으로부터 배움이 시작된다. 이 질문에 응답하는 학생은 잘 모르는 학생이 무엇을 어려워하는지를 이해하고 그 학생이 알 수 있도록 설명해야 하며, 그 도움을 받아서 모르는 학생은 열심히 생각하지 않으면 안 된다. 이렇게 다른 이의 도움을 매개로 하는 사고를 통해서 모르는 학생은 혼자서 배우는 것의 한계를 넘을 수 있다. 실제로 저학력 문제를 해결하는 데 소그룹의 협동적인 배움보다 더 효과적인 방법은 없다. 언제나 교실을 관찰하면서 감동하는 것은 학생이 교사 이상으로 모르는 학생의 배움을 도와주는 데 유능하다는 점이다.

모르는 학생의 "이거 어떻게 하는 거야?" 하는 물음에서 출발하는 대화를 자세히 관찰해 보면, 모르는 학생 이상으로 그것에 응답하는 학생들에게 이익이 돌아간다는 것을 알 수 있다. 잘 아는 학생은 모르는 학생에게 응답함으로써 '다시 앎'을 경험한다. '앎'에도 몇 가지 단계가 있다. 무언가를 알고 풀 수 있는 단계, 아는 것을 설명할 수 있는 단계, 아는 것을 가르칠 수 있는 단계, 더 나아가 아는 것으로 모르는 학생의 물음에 응답하여 도와줄 수 있는 단계가 있다. 잘 모르는 학생의 물음에 대응하는 것을 통하여 알고 있는 학생이 더욱 깊은 배움을 경험하는 경우가 많다.

배움, '기초'에서 '발전'으로 진행되는 것은 아니다

'공유 과제'가 교과서 수준임에 비해 '점프 과제'는 교과서 수준 이상의 과제이다. '점프 과제'의 수준은 서로 배우는 관계의 성숙도에 따라서 다르지만, 일반적으로는 높으면 높을수록 좋다. 만약 '점프 과제'를 모든 학생이 달성했다면, 그 과제는 쉬운 것이다. 학급의 절반에서 1/3이상의 학생이 달성할 수 있는 수준이 좋다. 배움에서 가장 중요한 것은 몰입하는 것인데, '점프 과제'는 그것을 가능케 한다. '알 것 같으면서 못 풀 것 같은 과제'를 접할 때 학생들은 몰입하는 배움을 체험할 수 있다.

'점프 과제'의 협동적 배움이 학력이 높은 학생뿐 아니라 학력이 낮은 학생에게도 이익을 주듯이 '공유의 배움'은 잘 모르는 학생 이상으로 잘 아는 학생에게도 도움을 준다.

일반적으로 배움은 '기초'에서 '발전'으로 진행된다고 말한다. 그렇지만 이 과정을 거칠 수 있는 것은 학력이 높은 학생뿐이다. 학력이 낮은 학생들은 '기초' 단계에서 멈춘다. 그렇다면 학력이 낮은 학생들은 어느 부분에서 배우는가? '공유의 배움'과 '점프의 배움'을 조직한 협동적인 배움을 자세히 관찰해 보면, 학력이 낮은 학생이 '점프의 배움'에서, 즉 기초적 지식을 활용하는 배움에서 '아, 이게 이렇게 되는 거구나' 하고 '기초'를 이해하는 광경을 빈번히 볼 수 있다. 저학력 학생은 '발전'에서 '기초'로 내려오는 배움을 수행하는 것이다.

이 발견은 두 가지를 의미한다. 하나는 학력이 낮은 학생일수록 교사의 지겨운 설명을 싫어하고 도전하는 배움을 좋아하는데, 거기에는 이유가 있다는 것이다. 또 하나는 이제까지 배움의 과정은 '이해'에서 '응용'으로 가는 한 방향으로만 인식되어 왔으나 '응용'에서 '이해'로 가는 과정도 똑같이 중요한 기능을 한다는 것이다. 실제로 나는 이제까지 저학력으로 어려움을 겪는 학교에 대해 교육내용의 수준을 높여서 '점프의 배움'을 조직할 것을 강조하여 저학력 문제의 해결에 효과를 거두어 왔는데, 그것도 합리적 근거가 있는 것이었다.

'서로 가르치는 관계'와 '서로 배우는 관계'의 차이

그렇다면 협동적 배움을 어떻게 도입하면 좋을까? 먼저 확인해야 할 것은 '서로 가르치는 관계'와 '서로 배우는 관계'는 결정적으로 다르다는 점이다. '서로 가르치는 관계'는 잘 아는 학생이 모르는 학생에게 일방적으로 가르치는 관계이며, 양자 간에 호혜적 관계(reciprocal relation)는 없다. 그에 비해 '서로 배우는 관계'는 모르는 학생이 '이거 어떻게 하는 거야?'라고 질문하는 것에서 출발하는 서로 배움이며, 모르는 학생과 아는 학생 모두에게 득이 되는 호혜적 관계가 성립된다. 나는 '서로 가르치는 관계'를 '공연히 참견하는 관계'로, '서로 배우는 관계'를 '티 안 나게 배려하는 관계'라 표현한다.

'서로 가르치는 관계'가 아니라 '서로 배우는 관계'를 권하는 데는 또 다른 이유가 있다. '서로 가르치는 관계'에서는 교사나 친구의 도움을 '기다리는 학생'을 키우고 만다. '기다리는 학생'은 중학교, 고등학교로 가면 거의 필연적으로 '원망하는 학생'이 되고 만다. 자신을 돌보아 주지 않는 교사와 친구를 원망하게 된다. 이렇게 되면 전락의 구렁텅이에 빠지고 만다. 학력이 낮은 학생에게는 스스로의 힘으로 궁지를 벗어나는 능력, 즉 다른 이를 신뢰하고 다른 이에게 도움을 구하는 능력을 키워 주어야 한다. 모르는 학생의 물음에서 출발하는 '서로 배움'은 이것을 가능케 한다.

협동적인 배움의 풍경(초등학교)

협동적인 배움의 풍경(초등학교)

협동적인 배움의 풍경(중학교)

협동적인 배움의 풍경(고등학교)

현재 초등학교뿐만 아니라 중학교, 고등학교에서도 '서로 배움'에 의한 수업개혁이 널리 전개되고 있다. 그러나 그중 많은 부분은 '협력적인 배움(cooperative learning)'으로, 배움의 공동체 학교개혁이 추진하는 '협동적인 배움(collaborative learning)'이 아니다. 이 두 가지는 혼동되기 십상인데 여기서 약간의 설명을 해두고자 한다.

먼저 번역어에 대한 혼란이 있다. '협력적인 배움(cooperative learning)'은 교육심리학 관계자, 특히 버즈 학습(벌이 날 때 나는 소리를 '버즈buzz'라고 하는데 1950년대부터 1960년대에 보급된 토의 학습을 말한다)을 추진한 연구자에 의해 '협동적인 배움'이라 번역되었기 때문에 이런 혼란이 생겼다. 그 때문에 심리학 분야의 연구자는 종종 차이를 명확하게 하기 위해 '협동(協同的)인 배움(collaborative learning)'을 '협동학습(協働学習)' 혹은 '협조학습(協調学習)'이라는 번역어로 표현해 왔다. 내가 제창하는 '협동적(協同的)인 배움'은 'collaborative learning'이고, 심리학 연구자들이 '협동학습' 혹은 '협조학습'이라 부르는 것과 동일하다.

그렇다면 '협력적인 배움'과 '협동적인 배움'은 어떻게 다른 것일까?

'협력적인 배움'은 미국에서 널리 보급된 소그룹의 서로 배움으로 사회심리학자 존슨 형제(David W. Johnson & Roger T. Johnson)의 이론과 슬래빈(Robert E. Slavin)의 연구가 대표적이다. 이 방식은 두 가지 이론에 의해 성립된다. 하나는 개별적으로 배울 때보다 집단으로 배우는 편이 달성도가 높다는 이론이고, 또 하나는 경쟁적인 관계 하의 배움보다도 협력적인 관계의 배움이 더 달성도가 높다는 이론이다.

'협력적인 배움'의 전제인 이 두 가지 이론은 타당하며 '협력적인 배움'은 방식에서도 정식화하기 쉬운 면도 있어 미국 전역에 널리 보급되었다. 일본에서도 번역된 '협동적 학습'에 관한 책 대부분이 이 '협력적인 배움' 형태의 책이다.

그에 비해 '협동적인 배움'은 비고츠키(Lev Semyonovich Vygotsky)의 근접발달영역(Zone of Proximal Development) 이론과 듀이의 커뮤니케이션 이론에 입각하여 배움의 활동을 대화적인 의사소통(협동)에 의한 문화적, 사회적 실천으로 인식하여 활동적이며 협동적이며 반성적인 배움을 조직하는 것이다. 따라서 '협동적인 배움'에서는 '협력적인 배움'과 같이 협력적인 관계보다 오히려 문화적 실천(문화적 내용의 인식 활동)에 중점을 두고 의미와 관계의 구축에 의한 배움의 사회적 실천이 중요하다.

따라서 '협동적인 배움'에서는 '협력적인 배움'과 같이 교육내용과 관계없이 수업 기술을 정식화하기는 어렵다. 예를 들어, 수학과 문학에서는 '협동적인 배움'의 과정이 서로 다르며, 그것을 하나의 방법으로 정식화할 수 없다. 그 때문에 학교 현장에서는 '서로 배우는 관계 만들기'를 쉽게 정식화할 수 있는 '협력적인 배움'이 '협동적인 배움'보다 쉽게 보급되는 경향이 있다.

그러나 배움의 공동체 학교개혁에서는 배움의 질을 높이고 과정의 복잡함이나 복합성, 풍성함을 유지하기 위해서 아무리 방법론으로 정식화하기가 어렵고 연구로 구체화하기 힘들더라도 '협동적인 배움'을 추진하는 것이 중요하다.

또한 '서로 이야기하기'와 '서로 배우기'가 다르다는 점에도 유의할 필요가 있다. 이 차이는 교사가 혼동하기 쉬우니 설명해 두고자 한다. 일반적으로 교사는 학생이 활발하게 발표하는 수업을 좋아하는 경향이 있는데 '저요', '저요' 하며 활발하게 의견이 오가는 수업에서는 이미 알고 있는 것을 발표하는 데 그치고 배움이 거의 성립되지 않는 경우가 많다. 마찬가지로 소그룹 토의에서도 의견 교류가 활발한 그룹에서 의외로 배움이 성립되지 않는다. 배움이 성립되는 그룹은 중얼거리는 듯한 작은 목소리가 오가며 한 명 한 명이 친구의 목소리와 의견에 귀를 기울이고 깊이 생각한다.

협동적인 배움에서는 '서로 이야기'하는 것은 필요 없고 '서로 배움'이 추구되어야 한다. 그렇다면 배움이 성립되고 있다는 것을 어떻게 알 수 있을까? 이것을 교사에게 명시하기 위해서 나는 '배움이 성립하는 요건'을 다음 그림을 사용하여 설명해 왔다.

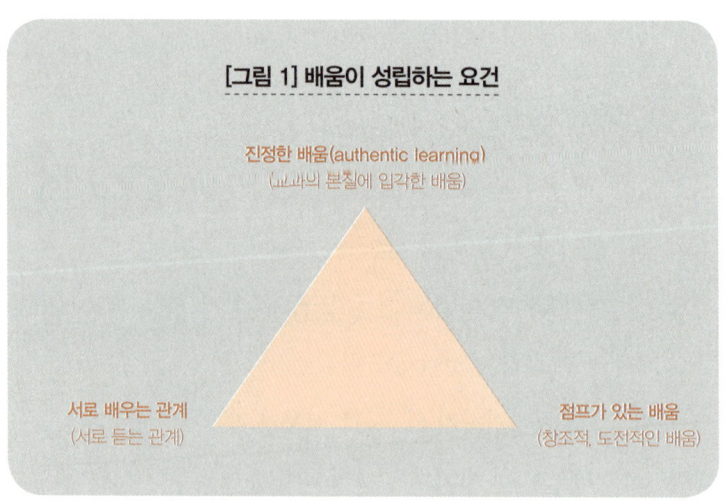

[그림 1] 배움이 성립하는 요건

진정한 배움(authentic learning)
(교과의 본질에 입각한 배움)

서로 배우는 관계
(서로 듣는 관계)

점프가 있는 배움
(창조적, 도전적인 배움)

이 삼각형에서 '진정한 배움'이란 교과의 본질에 입각한 배움으로 수학은 수학다운 배움, 역사는 역사다운 배움, 문학은 문학다운 배움, 음악은 음악다운 배움을 추구하는 것을 말한다. 예를 들어, 문학의 배움에서는 텍스트와의 대화가 무엇보다 중요하며 친구와의 대화(이야기)보다도 텍스트와의 대화(텍스트로 돌아가는 것)가 중요시되어야 할 필요가 있다. 또한 과학의 배움에서는 '가설-실험-검증'도 중요하지만 과학적 탐구의 본질은 자연 현상을 모델을 통해 해명하는 것에 있으며, 관찰과 실험에 기초한 모델의 구성으로써의 탐구 과정이 배움에 조직되어야 한다.

'서로 배우는 관계'에 대해서는 이미 말한 바와 같다. 배움을 성립시키기 위해서는 '서로 이야기하는 관계'가 아니라 '서로 듣는 관계' 만들기가 추구되어야 한다.

'점프가 있는 배움'에 대해서도 이미 설명한 것과 같다. 비고츠키의 근접발달영역 이론이 나타내듯이 배움은 타인이나 도구의 도움에 의한 '발돋움과 점프'이며 가능한 한 높은 수준의 과제에 도전할 필요가 있다.

또한 앞서 말한 삼각형은 처음에는 작은 삼각형에서 출발하여 협동적인 배움이 발전함에 따라 점차 큰 삼각형으로 발전시킬 수가 있다. 이러한 이미지를 가지고 협동적인 배움을 디자인하고 실천하면 좋을 것이다.

몇 가지 기술적인 문제

마지막으로 많은 교사가 질문하는 몇 가지 기술적인 문제에 대해서 이야기하고자 한다. 검토하고 싶은 기술적인 문제는 3가지로 소그룹의 조직, 소그룹의 활용 그리고 ㄷ자형 교실 배치이다.

소그룹을 어떻게 조직할 것인가

소그룹은 남녀 혼합 4명으로 조직한다. 4명 이상이 되면 누군가는 배움으로부터 소외되고 만다. 따라서 5명 그룹이 생길 때는 3명 그룹을 3개 만들도록 한다. 남녀를 혼합하는 이유는 남녀가 모두 있는 편이 탐구가 활성화되기 때문이다. 소그룹을 만들 때는 다양한 개성과 능력의 학생이 무작위로 만나는 것이 좋다. 따라서 제비뽑기가 가장 좋다. 그룹은 가끔씩 바꾸어 주면 좋다.

언제 시작하고 언제 끝낼 것인가

하나의 수업에서 '공유의 배움'과 '점프의 배움'을 양쪽 모두 조직한다. 초등학교 중학년(3, 4학년)에서는 전체의 협동적인 배움과 소그룹의 협동적인 배움을 적절하게 섞어서 진행한다. 초등학교 고학년과 중학교, 고등학교에서는 '공유의 배움'과 '점프의 배움'을 전반과 후반에 나누어 배치하는 것이 기본형이다. 그리고 소그룹의 협동적인 배움을 언제 끝낼지를 잘 판단해야 한다. 배움이 멈추었다면, 소그룹 활동을 계속해서는 안 된다. 배움이 멈추었을 때 혹은 멈추기 직전에 소그룹에서 전체로 전환하는 것이 좋다. 한 번 무너지면 배움에 집중하는 리듬이 무너지고 만다.

또한 소그룹 활동 중에는 교사가 말을 걸지 않는다. 모둠 사이를 돌아다니는 것도 학생들의 배움에 방해가 된다. 단, 잘 참가하지 못하는 학생을 도와주고 서로 배움이 정체되어 있는 그룹에는 최소한의 도움을 준다.

ㄷ자형 교실 배치와 소그룹의 협동적인 배움의 관계는 어떻게 조절하는가

학급 전체를 대상으로 하는 수업은 교실 배치를 ㄷ자형(세미나 형식)으로 한다. 그 이유는 ㄷ자형 배치가 한 명의 학생도 빠짐없이 협동적인 배움에 참가시키는 기초 조건이기 때문이다.

유럽과 미국의 학교에서는 처음부터 마지막까지 소그룹 활동만으로 수업을 전개하고 있다. 그러나 유럽과 미국의 교실은 학생 수가 20명 이하이다. 학생 수가 30명 혹은 그 이상인 일본의 교실에서는 소그룹의 협동적인 배움만으로 수업을 진행하기는 어렵다. 이 문제를 해결하기 위해 전체가 함께하는 협동적인 배움과 소그룹에 의한 협동적 배움을 병용해야 할 필요가 있어 ㄷ자형 배치를 고안했다. 물론, 초등학교 고학년 이상에서는 처음부터 끝까지 소그룹으로 배치한 상태로 전체 협동학습과 소그룹에 의한 협동적인 배움 양쪽을 실시해도 좋다. 어느 쪽을 선택할 지는 교사의 개성에 따라 판단한다.

배움의 공동체 학교에서는 종종 교사가 의자에 앉아서 전체적인 협동적인 배움을 조직함으로써 질 높은 서로 배움을 실현한다. 교사가 실내악 지휘자와 같은 역할을 수행함으로써 세미나 형식의 서로 배움을 실현하는 것이다.

학력향상에 관한 문제

또 한 가지 곧잘 받는 질문에 대답해 두고자 한다. 그것은 바로 학력향상을 둘러싼 문제이다. 배움의 공동체 학교개혁을 수행한 학교는 어느 학교든지 학력향상에 있어서도 실적을 올리고 있다. 그중에는 경이적인 향상을 보인 학교도 적지 않다. 현(縣)내 혹은 시내에서 최하 수준이었던 학교가 현(縣) 평균 혹은 전국 평균을 능가하여 최고 수준에 달한 사례도 드물지 않다. 그 비결은 무엇일까?

학력향상은 배움의 공동체 학교개혁의 중심적인 목적이 아니다. 우리가 생각해 온 공교육의 사명은 한 명의 학생도 빠짐없이 배움의 권리를 실현하고 그 배움의 질을 최대한 높이고 한 명의 교사도 빠짐없이 전문가로 성장할 수 있도록 하는 것에 있으며 그것을 통해 민주주의 사회를 준비하는 것에 있다. 학력향상은 그 결과이지 목적이 아니다. 이제까지의 경험을 토대로 말하자면, 학력향상의 가장 큰 비결은 학력향상을 목적으로 하지 않는 것이다. 학력향상은 배움의 경험이 향상된 결과이지 목적이 아니다. 이 관계를 인식하는 것이 무엇보다도 중요하다.

배움의 공동체 학교에서는 학력향상은 먼저 B문제(발전적 학력)에서 일어나고 그에 이어 A문제(기초적 학력)에서 일어난다. 이는 교사의 상식과는 정반대이다. 보통 교사들은 '기초 학력'이 올라가고 그 후에 '발전적 학력'이 올라간다고 생각하는데, 사실은 그 반대인 것이다.

우리는 학력향상을 배움의 공동체 학교개혁에서 마지막으로 거둘 수 있는 결과라 생각한다. 배움의 공동체 학교개혁에서는 한 명의 학생도 빠짐없이 배움에 참가하는 것이나 문제 행농이 없어지는 것이나 등교거부 학생이 격감하는 등의 결과는 비교적 빠른 단계에서 실현할 수 있다. 그러나 학력향상은 2~3년의 기간이 필요하다. 게다가 학력향상은 서서히 일어나는 것이 아니라 때가 차면 한꺼번에 향상하는 것이 통상적이다.

또한 학력향상은 '2단 로켓'으로 진행된다. 제1단계는 학력이 낮은 학생의 학력이 올라가서 학교 전체의 평균점이 향상된다. 그 다음으로 중간 이상의 학생의 학력이 올라가서 학교 전체의 평균점이 한 층 더 올라간다. 그야말로 '2단 로켓'이다. 이 2단 째 로켓

이 발사되지 않는 경우에는 수년이 지나면 학교 전체의 학력이 하락하고 만다. 따라서 언제나 '점프가 있는 배움'을 추구하는 것이 중요하다.

교사 간의 동료성 구축

동료성의 구축

배움의 공동체 학교개혁의 중심적인 목적 중 하나는 한 명의 교사도 빠짐없이 전문가로 성장할 수 있는 학교를 만드는 것이다. 이 목적을 달성하기 위해서는 모든 교사가 동료 교사에게 수업을 공개하고 수업협의회를 통해서 서로 배우는 동료성을 교내에 구축하는 것이 필요하다.

교사의 성장에는 두 가지 측면이 있다. 하나는 장인으로서의 성장(craftsmanship)이고 다른 하나는 전문가로서의 성장(professional development)이다. 이 두 가지 성장을 위해 교내에 교사의 배움의 공동체(professional learning community)를 구축하는 일이 중요하다. 장인으로서의 성장은 '기법'과 '스타일'의 획득이며, 그 방법은 '모방'이다. 그에 비해 전문가로서의 성장은 '실천과 이론의 통합'이며, 그 방법은 '케이스 메소드'(사례연구=수업연구)이다.

지금까지 일본의 학교에서는 1년에 3번 정도 연구수업을 하고 그 성과를 보고서로 발간하는 연수 활동을 해왔다. 그러나 연 3회 정도의 연구수업으로 일상의 수업이 바뀌는 일은 없으며 학교개혁도 수행되지 않는다. 성과로 정리한 보고서를 읽는 사람은 아무도 없다. '뭔가 한 기분이 드는' 혹은 '뭔가 했다고 치는' 교내 연수라면, 그 효과는 빈약할 수밖에 없다.

어떤 학교라도 5년에서 10년 단위로 돌아오는, 2~3년간의 연구지정학교가 되면 갑자기 연구 활동을 열심히 한다. 그러나 최종연도의 공개연구회가 끝나고 연구 보고서가 인쇄되고 나면 연구 활동이 끝나고 만다. 지정 기간이 끝난 후에도 연구가 계속되고 있다는 이야기는 들어본 적이 없다. '이제 당분간은 안 해도 된다'라는 안도감과 피로감이 그 후의 침체를 가져온다.

게다가 연간 3회 정도의 연구수업 대부분은 젊은 교사가 맡고 연배 있는 교사가 이것저것 자신의 의견을 이야기하는 것으로 진행된다. 연배 있는 교사가 수업자로 연구수업을 하지 않는 것은 젊을 때 수업을 공개하고 나서 주위에서 이 소리 저 소리 들으며 비판 받은 쓴 기억이 있기 때문이다. 이런 전통은 뿌리부터 개혁되어야 한다. 더 심각한 것은 고등학교에서는 이 정도의 수업 연구조차 실시하는 학교가 거의 없다는 것이다.

교실을 열지 않는 교사가 한 명이라도 있는 한 학교를 개혁하는 것은 불가능하다. 모든 교사가 수업을 공개하고 한 명도 빠짐없이 교사들이 서로 배우는 관계가 구축되어야 비로소 학교개혁은 열매를 맺고 성과를 거둘 수가 있다. 그리고 교사의 연구 성과는 책자에 있는 것이 아니라 교실에서의 학생들의 배움 속에 있다. 교실 학생들의 배움을 만들어 가는 것에 함께 도전하고 그 사실을 서로 관찰하며 그 사실로부터 함께 배우는 것이 무엇보다 중요하다.

수업 실천은 복잡하고 복합적이며 거기에다 불확실성으로 가득 차 있다. 누구든 실패는 피할 수 없다. 성공할지 실패할지에 대해 토론해도 별 성과는 없다. 그러나 어떤 수업 실천에서든 교사가 들어야 할 3가지 깃발이 있다. 첫 번째는 학생 한 명 한 명의 배움의 존엄을 소중히 여기는 것이고, 두 번째는 교재의 발전성을 소중히 여기는 것이며, 마지막 세 번째는 교사 자신의 교육 철학을 소중히 지키는 것이다. 나는 이 3가지를 교사가 수업 실천에서 추구해야 할 과제라고 생각한다. 다음의 [그림 2]에 나오는 삼각형은 이 3가지 과제를 나타낸다.

수업 실천을 만들고 수업협의회를 열 때, 이 3가지 과제를 중심으로 서로 배우고 함께 성장하는 것이 필요하다.

그를 위해서는 수업협의회를 누구나 몰입하여 배울 수 있게 바꾸어야 한다. 이제까지의 수업협의회는 '어디가 좋았다', '어디가 안 좋았다' 등의 '평가'가 주를 이루었다. 그러나 좋은 수업, 나쁜 수업으로 평가하는 한 교사는 성장할 수 없다. 수업을 보고 금방 평가해 버리는 사람은 가장 경험이 얕고 전문가로서의 역량이 낮은 교사이다. 훌륭한 경험을 쌓은 교사는 수업을 관찰해도 평가하지 않는다. 어디에서 배움이 이루어졌는지, 어디에서 배움이 멈추었는지, 어디에 배움의 가능성이 있는지 등의 관점에서 섬세하게 성찰하고 고찰하여 자기 자신의 배움에 전념하는 것이 전문가로서 성숙한 교사의 수업 연구이다. 이런 방식을 수업협의회에서 실현할 필요가 있다. 그를 위해서는 수업의 좋고 나쁨을 '평가'하고 '조언'하는 것이 아니라 교실의 배움의 사실로부터 함께 배우는 수업

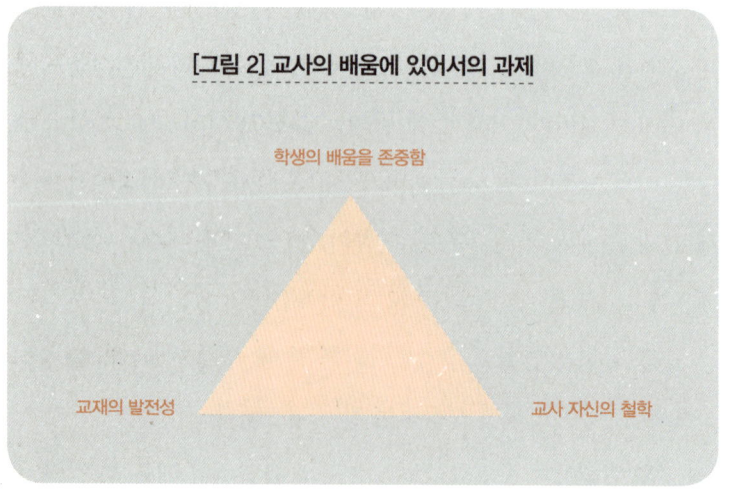

협의회를 실현시킬 필요가 있다.

또한 이제까지 수업협의회는 목소리가 큰 교사의 발언을 중심으로 진행되는 경우가 많았다. 그러나 우수한 수업 실천을 하는 교사들은 모두 조용하다. 이런 감추어진 목소리가 존중되고 반영되는 수업협의회를 실현해야 한다. 그를 위해서는 모두가 적어도 한 마디는 발언하는 것을 원칙으로 해야 한다. 수업협의회에서 한 마디도 하지 않는 것은 수업을 제공한 수업자에 대한 실례이다. 귀중한 배움의 기회를 제공해준 수업자에게 감사하고 그 호의에 경애의 마음을 표현했을 때, 비로소 교내의 동료성은 발전의 기초가 마련된다.

그리고 배움의 공동체 학교에서는 연구수업의 사전 연구보다도 사후 연구를 중시한다. 이제까지는 '가설-검증'형의 낡은 수업 연구에 얽매여 있어 수업 계획 세우기에 많은 에너지를 쏟아 왔다. 그러나 아무리 가르치는 법을 연구한다 해도 올바른 교수법은 수

서로 배우는 교사들(중학교)

공개연구회의 풍경(고등학교)

도 없이 많으며 또한 '가설-검증'형의 연구는 수업자의 구상이나 개성이나 철학에 입각한 디자인을 망가뜨릴 위험성도 동반한다. 따라서 '우수한 수업'보다 '배움의 질 향상'을 추구하는 배움의 공동체 학교에서는 수업 디자인은 가급적 수업자에게 맡기고 학생들의 배움의 사실을 성찰(reflection)하는 것을 중심으로 협의한다. 새로운 수업 연구는 '디자인'과 '성찰'에 의한 배움의 연구인 것이다.

수업 연구의 개혁

배움의 공동체 학교에서는 적어도 교사의 숫자만큼 수업협의회가 학년 단위와 학교 단위로 열리고 있으며, 연간 30회부터 많은 곳에서는 100회 이상의 수업연구회가 열린다.

수업협의회 횟수를 거듭하면 할수록 효과를 거둘 수 있는 것은 명백한 사실이다. 그러나 많은 횟수의 수업협의회를 매회 충실하게 실행하기 위해서는 매너리즘에 빠지지 않게 조건을 정비할 필요가 있다. 그중 하나는 개인의 연구 주제를 설정하여 연구수업에 임하는 것이며, 또 하나는 일 년에 한 번 지역의 다른 학교 교사들을 대상으로 공개연구회를 여는 것이다.

보통은 대부분 학교 전체의 연구 주제를 설정하는데, 개인의 연구 주제를 설정하는 학교는 많지 않다. 그러나 교사가 자율적인 전문가로서 성장하고 교내의 수업 실천과 수업 연구의 수준을 높이기 위해서는 학교 전체의 연구 주제를 정하는 것보다 오히려 교사 개개인이 그 해의 연구 주제를 설정하여 교사들이 서로 연구를 도와주는 수업협의회를 열 필요가 있다. 연구는 본래 개인이 하는 것이지만, 개인의 연구를 지원하고 향상시키기 위해서 교사의 전문적 학습공동체가 필요하다.

따라서 공개연구회에서도 제안 수업을 중심으로 한 협의회는 필수적으로 있어야 하나 그와 동시에 모든 교실 수업을 공개하는 것도 제안 수업 못지않게 중요하다. 공개연구회의 중심적인 목적은 '연구 성과를 발표'하는 것이 아니라 일상의 수업을 공개함으로써 지역의 다른 학교 교사들과 함께 배우는 것이며 외부에 소감이나 비평을 구함으로써 교내 수업연구를 활성화하는 것이다.

수업협의회를 충실화하고 학교개혁을 성공으로 이끄는 중요한 조건으로 슈퍼바이저나 연구자와의 협동을 들 수 있다. '배움의 공동체 연구회'에서는 현재 약 70명의 퇴직 교장과 연구자로 구성된 슈퍼바이저를 조직하여 전국 각지의 학교개혁을 지원하고 있다.

수업개혁을 지원하는 것도, 학교개혁을 지원하는 것도 결코 쉬운 일은 아니다. 지금까지 2,500개 이상의 학교와 협동해 온 나도 매번 새로운 문제와 새로운 상황과 조우하며 늘 새로운 창의를 요구받는다. 이렇듯 어려운 일이지만, 학교가 조금이라도 경험이 풍부한 슈퍼바이저와 협동하지 않고서는 이 어려운 일을 실현해 내기란 불가능하다. 그러므로 신뢰할 만한 슈퍼바이저와의 협동관계를 구축하기를 권한다. 우수한 슈퍼바이저는 수업개혁과 학교개혁에 관해 조언하고 지도하는 사람이 아니라 그 학교의 교장이나 교사와 함께 배울 수 있는 사람이다.

보호자와 교육위원회와의 연계

상호 불신을 없애기 위해

배움의 공동체 학교개혁에 있어 학부모와 연대하고 학부모와 함께 배우는 관계를 만드는 것은 필수 조건이다. 또한 지역 교육청과 연대하여 함께 학교개혁을 추진하지 않으면 개혁을 유지시키기 힘들다. 학교는 내부로부터 밖에 개혁할 수 없지만, 외부의 지원이 없으면 지속될 수 없다.

학교개혁의 최대 걸림돌은 교사와 학부모 사이의 상호 불신이다. 이 상호 불신의 관계는 교육을 '서비스'로 전락시킨 신자유주의 교육정책에 의해 양성되었다. 교사를 서비스 제공자로, 보호자를 서비스 향유자로 만드는 신자유주의의 이념과 정책에서 보호자가 교사에게 불만과 불신을 가지는 것은 당연한 귀결이며, 그 반대도 마찬가지이다. 교사와 보호자의 상호 불신 구조에서 가장 피해를 받는 것은 학생의 배울 권리이다. 황폐해진 학교, 학교붕괴가 빈발하는 학교, 등교거부가 다발하는 학교, 학력저하로 괴로워하는 학교의 기저에는 틀림없이 교사와 학부모 간의 상호 불신이 있다. 학부모는 교육에 대한 관심보다도 학교와 교사에 대한 불만에 사로잡혀 있고, 교사는 학생에 대한 대응 이상으로 학부모에의 대응으로 고생하고 있다. 최대의 희생자는 학생들인 것이다.

교육은 '서비스'일까? 아니다. 교육은 차세대를 짊어질 학생에 대한 사회적 책임이며 어른들의 책임이다. 이 책임을 교사와 학부모가 공유하지 않는 한 신뢰관계를 구축할 수 없다. 그리고 교사와 학부모가 교육의 책임을 공유하지 않고서는 한 명도 빠짐없이 학생의 배움의 권리를 실현하는 것은 불가능하다.

이러한 오늘날의 학교가 안고 있는 최대의 난관에 대해 배움의 공동체 학교개혁은 '학습 참가'라는 활동 시스템을 고안하여 실천해 왔다. '학습 참가'란 학부모나 시민이 학교개혁에 참가하여 학생, 교사와 함께 배움의 공동체에 참가하는 활동이다. 보통 모든 학교에서 한 학기에 한 번 정도의 수업참관을 여는데, 이를 학부모도 수업 만들기에 참가하는 '학습 참가'로 전환하는 개혁을 진행하고 있다.

이제까지 학교와 학부모와의 관계는 PTA(parent-teacher association) 활동을 중심으로 구축되어 왔다. PTA 활동도 중요하지만 그것만으로는 한계가 있다. PTA는 임원만 활동하게 되어 있고, 학교 교육의 환경적인 조건을 정비하는 활동이 주를 이룬다. 한 명도 빠짐없이 학생이 배울 권리를 실현하는 학교를 만들기 위해서는 100%까지는 아니어도 80%정도의 학부모가 참가할 수 있는 활동을 준비해야 한다.

최근 학교협의회가 조직되어 지역 주민과 연계한 학교 만들기가 추진되고 있다. 이 시스템은 앞으로도 발전되어야 할 필요가 있다. 그러나 모든 학부모의 직접적인 참가를 보장하지는 않는다. 또한 최근에 학부모를 '자원봉사'로 교실에 초대하여 수업 만들기에 협력하게끔 하는 실천도 늘고 있다. 그러나 지역 시민이라면 '자원봉사'라 불러도 자연스럽겠지만, 학부모가 수업 만들기에 협력하는 것을 '지원봉사'라 부르는 것은 어색하다. 학부모가 교사와 함께 학교개혁을 추진하는 것은 '자원봉사'가 아니라 '책임'이다. 부언하자면 나는 학부모의 '지원봉사'를 통한 협력은 일부 학부모에게 제한되어 있다는 점에서 학부모 간의 연대나 학교에 대한 학부모의 신뢰를 무너뜨리는 결과를 초래한다고 생각한다. 필요한 것은 학부모 누구나가 대등하게 학교 만들기에 참가하여 교사와 학부모의 신뢰관계와 학부모 간의 연대를 형성하는 시스템을 구축하는 것이다. '학습 참가'는 이것을 실현하는 활동 시스템으로 고안했다.

학습 참가의 효과

'학습 참가'의 효과는 기대치를 훨씬 뛰어넘었다. 수업참관을 '학습 참가'로 전환한 학교에서는 보호자의 참가율이 대거 상승했다. 보통 초등학교에서도 1학년 때는 대부분의 학부모가 수업을 참관하러 오지만, 학년이 올라갈수록 그 수가 줄어 고학년이나 중학교로 올라가면 대부분의 학부모가 운동회나 졸업식 등 큰 행사가 있을 때만 학교에 온다. 게다가 최근에는 교실에서 수업을 참관하는 학부모보다도 복도에서 수다를 떠는 학부모가 더 많다. 그러나 이런 학교에서도 '학습 참가'를 도입하면, 보호자의 참가율이 크게 상승한다. 학기마다 '학습 참가'를 실시하는 학교에서는 전 학년의 70~80%의 학부모가 참가한다. 학교개혁에 참가하는 것은 학부모의 권리이다.

'학습 참가'로 방문하는 학부모들은 자신의 아이뿐만 아니라 학교의 모든 학생을 위해 활동한다. 이러한 공공적인 활동에의 참가가 가져다주는 효과는 막대하다. '학습 참가'에 의해서 학교는 문자 그대로 '공적인 공간'으로 기능하게 된다.

또한 '학습 참가'를 학기마다 실시하는 학교에는 학부모나 지역의 항의가 없어진다는 것도 놀랄 만한 일이다. '학습 참가'를 실시하는 학교에서는 소위 '괴물 부모(monster parent)'도 찾아볼 수 없다. 그리고 목소리가 작은 학부모들이 학교개혁에 적극적으로 참가하여 학부모 사이에 배움의 공동체가 모습을 드러낸다.

단, 이제까지 배움의 공동체 학교개혁에서 '학습 참가'의 중요성이나 유효성이 확인되어 온 것은 사실이지만, 모든 학교가 '학습 참가'를 실시해 온 것은 아니다. 이제까지의 사례로 볼 때 매달 2회씩 실시한 사례도 있기는 하지만 대부분은 한 학기에 한 번 정도이다. 매달 2회씩까지는 아니어도 가능하면 한 번 정도의 '학습 참가'가 열리면 좋겠다. 하지만 아쉽게도 거기까지는 실현되지 못하고 있다. '학습 참가' 없이는 보호자나 지역과의 신뢰관계를 쌓을 수 없다. 그러나 그것을 온전히 실천하는 것은 앞으로의 과제이다. 학부모나 시민의 배움의 공동체 실현은 교사나 학생의 배움의 공동체 실현보다도 늦어지고 있다.

위로부터도 아래로부터도

배움의 공동체 학교개혁에서 시정촌(市町村)* 교육위원회와의

---

*　일본의 기초자치단체인 시(市), 정(町), 촌(村)을 묶어 이르는 말_옮긴이

연계는 보호자와의 연대만큼이나 필수 조건이다. 다행히도 배움의 공동체 학교개혁은 대부분의 학교에서 시정촌 교육위원회의 지지와 지원을 얻고 있다. 이러한 지지와 지원으로 오늘날 배움의 공동체 학교개혁은 전국 약 3,500개의 학교에서 풀뿌리 운동을 실현하고 있다. 또한 지역 내 모든 초등학교와 중학교가 배움의 공동체 학교개혁을 추진하는 곳도 적잖게 존재한다.

지금까지는 행정 당국이 추진하는 '위로부터의' 개혁과 학교가 주체적으로 추진하는 '밑으로부터'의 개혁이 맞물려 돌아가지 못할 때가 많았다. 배움의 공동체 학교개혁은 '위로부터'도 '아래로부터'도 추진할 필요가 있다. '상의하달(top-down) 식'과 '하의상달(bottom-up) 식'이라는 이항대립을 극복해야 할 필요가 있는 것이다. 그러나 그 전제로 학교개혁의 '안과 밖의 변증법', 즉 '학교는 내부에서 밖에 변하지 않는다. 그러나 외부의 지원이 없으면 개혁은 지속될 수 없다'라는 원칙을 지켜야 한다. 이 두 가지를 적절히 조합하는 것이 어렵다.

배움의 공동체 학교개혁은 많은 경우 '기적'이라 부를 만한 성과를 가져다주기에 시정촌 교육위원회는 이 개혁을 일제히 모든 학교에 보급하기를 원하기 마련이다. 이는 '안과 밖의 변증법'과는 정반대의 발상이다. 한 학교의 개혁을 실현하기 위해서도 숙려에 숙려를 거친 학생과 교사, 교장, 학부모의 사려 깊은 활동을 요구하는데, 일제히 모든 학교를 개혁할 수 있다고 생각하는 자체가 환상인 것이다.

그렇다면 어떻게 해야 시정촌 모든 학교를 개혁하는 것이 가능한가? 그리고 시정촌 교육위원회는 무엇을 해야 하는가?

이제까지의 사례를 보면 배움의 공동체 학교개혁을 가장 효과적으로 확대시키는 방법은 지역에 개혁의 파일럿 스쿨을 세우는 것이다. 오늘날의 폭발적인 확대가 치가사키시립 하마노고 초등학교와 후지시립 가쿄 중학교라는 파일럿 스쿨을 세움으로서 이루어졌듯이, 하나의 파일럿 스쿨이 탄생함으로써 그 지역 전체의 학교개혁이 실현된다. 실제로 도도부현(都道府県)* 별로 보면, 하나의 현에 한 개의 안정된 파일럿 스쿨이 생기면 한 번에 많은 학교가 개혁에 성공한다.

그러나 우리는 결코 '폭발적인 확대'를 기대하지 않는다. 그 반대이다. 학교개혁과 그 보급은 완만하면 완만할수록 확실하게 뿌리 내린다고 생각한다. 개혁을 성공시키는 최대의 조건은 결코 초조해 하지 않는 것이다. 나는 '혁명적으로 사고하고 점진적으로 변화시킨다(Think revolutionarily, but change evolutionarily)'를 학교개혁의 요체로 삼아왔다. 학교개혁에 실패하는 것은 그 반대로 행하기 때문이다. 특히 교육행정 관계자들에게는 앞으로도 학교개혁의 '안과 밖의 변증법'을 고려한 지원을 부탁하고 싶다.

---

* 일본의 광역자치단체인 도(都), 도(道), 부(府), 현(県)을 묶어 이르는 말_옮긴이

국내외 네트워크

개혁을 '운동'으로 만들지 않는다

북쪽은 홋카이도(北海道)부터 남쪽은 오키나와(沖繩)까지 모든 도도부현의 학교가 배움의 공동체 학교개혁에 도전하고 있다. 그러나 각 지역의 정치적, 사회적, 문화적 차이나 교육개혁의 혁신적인 전통 및 수업 연구의 역사적 전통의 차이로 확대되는 양상에서 큰 차이가 있는 것도 사실이다. 특히 도쿄, 오사카, 교토 등의 큰 도시와 호쿠리쿠(北陸), 시코쿠(四国), 산인(山陰), 미나미큐슈(南九州) 등의 주변 지역에서 어려움을 겪는다.

지역 간의 불균형 현상에 대한 대응과 동시에 교사 한 명 한 명에 대한 대응도 필요하다. 배움의 공동체 개혁에 도전하는 학교의 교사들은 자유롭게 '21세기형 교육'의 창조에 도전할 수 있지만, 그 이외의 학교에서는 도전하고 싶어도 교내에서 몇 명, 경우에 따라서는 혼자서 실천할 수밖에 없다. 실제로 배움의 공동체 학교개혁에 도전하는 교사의 많은 수가 배움의 공동체 학교개혁에 참가하지 않고 있는 학교의 교사이다. 이 교사들을 지원하기 위해서 우리는 지역별로 통칭 '배움의 모임'이라는 형식에 얽매이지 않는 연구회를 조직하여 월례 연구회를 개최하고 있다. 2012년 현재 전국에 약 50개의 '배움의 모임'이 조직되어 각각 30명부터 200명 정도의 교사가 서로 배우고 있다.

나는 처음부터 배움의 공동체 학교개혁을 '운동'으로 만들지 않기 위해 노력해 왔다. 일본의 교육이 실패한 이유 중 하나는 '운동'을 통해 교육을 개혁하려고 했기 때문이다. 메이지 시대 이래로 교사들은 '운동'을 조직해 왔고 문부과학성과 교원노조도 '운동'을 통해 개혁을 추진해 왔다. 그로 인한 폐해는 명백하다. '운동'은 획일주의를 낳고, 중심을 낳고, 중심적 지도자를 낳아 그곳에 권력과 권리가 모이는 결과를 초래했다. 교사들은 종종 '앞서가는 학교'라는 말을 하는데, 나는 그 말이 틀렸다고 생각한다. '앞서가는 학교'와 '뒤쳐진 학교'가 있는 것이 아니다. 개개의 학교개혁은 그 자체가 고유하기에 모두 귀중하며, 좋은 학교는 학교 수 만큼이나 다양하기 때문이다.

배움의 공동체 학교개혁은 '운동'이 아니라 '네트워크'이다. 이 네트워크에 중심은 존재하지 않는다. 각 학교가 스스로 중심이 되어 점차적이고 자주적인 연대를 형성하고 있다. 15년간을 되돌아보면 그 중심이 전국에 퍼져 있는 학교개혁의 도전은 일본의 교육 역사상 처음 있는 일이 아닌가 한다. 여기에 배움의 공동체 학교개혁의 비밀이 숨어 있다. 이러한 창의적인 개혁의 특징은 앞으로도 변함없이 지속될 것이다.

개혁의 국제적 확대

최근 10년간 배움의 공동체 학교개혁은 국제적으로도 폭발적으로 확대되었다. 처음에는 예상도 하지 못했던 일이다. 특히 아시아 지역에서 현저히 확대되고 있다. 아시아 지역은 2000년 전후로 모든 국가가 극심한 국제경제경쟁에 직면했고, 한편으로는 민주주의가 침투하여 '21세기형 학교'를 향한 개혁을 국가 정책으로 수행했다. 따라서 세계 어느 지역에서보다도 학교개혁과 수업개혁을 활발히 전개해 왔다. 이러한 교육 혁신에 있어서 배움의 공동체 학교개혁은 많은 지역의 사람들에게 지지를 얻고 있다.

배움의 공동체 학교개혁의 국제적인 확대는 몇 가지 계기와 개척자에 의해 전개되었다. 예를 들어, 한국에서는 손우정 박사에 의해 '배움의공동체연구회'가 창설되어 현재 전국에 많은 파일럿 스쿨이 구축되었다. 2006년에는 노무현 대통령의 교육혁신자문위원회에서 나를 초청하여 강연을 한 바 있으며, 전국적으로 많은 진보성향의 혁신적인 교육감이 선거에서 선출됨으로써 전국적으로 배움의 공동체가 확대되었다.

중국에서는 2000년 이후 교육과정 개혁에 있어 가장 영향력을 발휘해 온 화동사범대학(華東師範大学)의 쫑 취치엔(鐘啓泉) 교수가 나의 주요 저서를 번역하였다. 2006년에는 인민대회당에서 나의 초대강연에 의해 정부과학기술부에 '배움의공동체연구소'가 창설되어 전국에 확대되었다. 2011년에는 상하이시(上海市) 교육위원회가 배움의 공동체 학교개혁을 학교정책으로 내세웠다.

멕시코에서는 2000년부터 2004년에 걸쳐 교육성의 정책 고문으로서 내가 세 번 초빙된 것을 계기로 학교를 중심으로 하는 지역 공동체의 활동으로 전국에 퍼졌다. 미국에서는 2004년 미국교육학회(AERA)의 연차대회에서 내가 회장초대강연을 했고, 그를 계기로 펜실베이니아 주립대학 등의 교육연구자에 의해 개혁이 착수되었다.

또한 싱가포르에서는 국립교육연구소(National Institute of Education, Singapore)의 부교수인 사이토 에이스케(斎藤英介) 씨가 파일럿 스쿨의 창설에 진력하고 있다. 인도네시아와 베트남에서는 사이토 씨와 JICA(일본국제협력기구)의 쯔쿠이 아쯔시(津久井純) 씨가 국가 프로젝트를 지원하는 형식으로 배움의 공동체 학교개혁을 보급시켜 왔다. 최근에는 타이완의 전 타이페이 사범대(台北師範大) 학장인 구앙생(欧陽生) 씨가 교장이나 교사들과 함께 일본의 파일럿 스쿨을 몇 번이나 방문하여 나의 저서를 타이완에서 출판한 것을 계기로 타이페이 시 교육위원회가 5개의 파일럿 스쿨을 건설하기에 이르렀다. 또한 인도에서는 인도교육학회 학회지에 나의 논문이 게재된 것을 계기로 하여 2010년에 전 학회장에 의해 '배움의 공동체연구소'가 창설되었다.

이들 아시아 지역을 중심으로 한 배움의 공동체 학교개혁의 국

한국의 배움의 공동체(경기도)

중국의 배움의 공동체(하얼빈)

중국의 배움의 공동체(상하이)

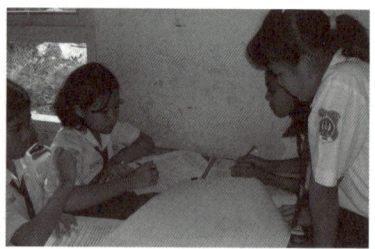
인도네시아의 배움의 공동체(자카르타)

제적인 확대는 대부분이 국가 프로젝트 혹은 상의하달 식 개혁이라는 스타일을 보이고 있어 안정된 파일럿 스쿨을 하나라도 더 많이 각 지역에 건설하는 것이 급선무가 되고 있다.

지역에 파일럿 스쿨을 만들자

개혁의 전개와 과제

배움의 공동체 학교개혁은 지역에 파일럿 스쿨을 만들고, 그것을 기점으로 인근 학교의 개혁의 네트워크를 형성함으로써 풀뿌리 개혁을 추진하고 있다. 가장 손이 많이 가고 시간이 걸리는 접근법이지만, 또한 가장 확실하고 질 높은 실천을 낳는 접근 방법이기도 하다. 현재 일본 전국에 배움의 공동체 학교개혁의 파일럿 스쿨은 약 300개가 세워져 있으며, 각 학교에서 월례회 혹은 연차 연구회를 공개하고 있다. 각 연구회에는 약 50명에서 800명의 교사들이 참가하고 있다. 최근에 파일럿 스쿨의 공개연구회는 전국 각지에서 매일 수개에서 10개 가까이에 이르는 학교에서 개최되고 있고, 그 총수는 연간 약 1,000회에 달한다. '배움의공동체연구회' 홈페이지(http://japan.school-lc.com)에는 연구회 일정이 게재되어 있다. 인근 학교의 공개연구회를 방문해 보시기를 권한다. 백문이 불여일견이다.

파일럿 스쿨의 공개연구회에서는 모든 교실 수업, 제안 수업, 수업협의회를 공개하고 있다. 학부모의 협력을 얻어 '학습 참가' 실천을 공개하는 학교도 있다. 이들 모두가 배움의 공동체 학교개혁의 모습이다. 어느 학교를 가 보아도 한 명의 학생도 빠짐없이 진지하게 배우고 한 명의 교사도 빠짐없이 정중하게 서로 배우며 질 높은 배움을 만들어가는 데 힘을 다하는 모습을 볼 수 있을 것이다. 처음 연구회에 참가한 사람들은 학교 전체가 조용하고 편안한 것에 가장 놀리곤 한다. 누구나 안심하고 배울 수 있는 환경이 준비되어 있는 것이다. 학생 사이에도 교사들 사이에도 서로 듣는 관계가 만들어져 있기 때문에 자연스럽고 섬세한 배려에 의한 돌봄 공동체가 형성되어 차분한 교실이 실현되고 있다. 그 숨결을 느끼는 것만으로도 파일럿 스쿨을 방문할 가치가 있다고 생각한다.

또한 전국 각지에 '배움의 모임'을 조직하여 개혁에 착수하지 않은 학교에 근무하는 교사들의 실천을 지원하고 각 도도부현의 학교개혁이 서로 교류하고 있다. 그리고 배움의공동체연구회는 여름과 겨울, 1년에 두 번 합숙 연구회를 개최하여 전국적인 개혁의 교류를 해 오고 있다.

그러나 파일럿 스쿨을 세우는 데 몇 가지 과제가 있는 것도 사실이다. 하나는 지역적 편차의 문제이다. 30개 이상의 파일럿 스쿨이 기능하고 있는 지역이 있는가 하면, 몇 개교 밖에 기능하지 못하는 지역도 있다. 대도시와 정령지정도시(政令指定都市)[*]에서의 파일럿 스쿨의 숫자는 학교 수에 비해 압도적으로 적다. 다른 선진국에서도 대도시일수록 교육 수준은 낮고 교사의 질도 낮고 학교의 위기와 교육 격차가 심각하며 교사도 학생도 학부모도 피폐하여 학교를 개혁하기가 지극히 어렵다. 일본도 마찬가지다. 대도시에 파일럿 스쿨을 확대시키고 대도시의 학교개혁의 연구를 발전시키는 것은 어려운 일이기는 하나 중점적인 과제 중 하나이다.

그리고 초등학교와 중학교에서는 광범위하게 확대되고 있는데 비해 고등학교에서의 배움의 공동체 학교개혁은 늦게 착수하기도 하여서 상대적으로 뒤쳐지고 있다. 국제적으로 보았을 때 일본의 교육 중에서 가장 수준이 낮은 것은 고등학교 교육이다. 고등학교의 수업개혁과 교사의 연수는 문부과학성도 교육학자도 책임을 지지 않는 상태로 전후 60년이 지났고, 직접적인 책임이 있는 도도부현 교육위원회는 입시제도의 개혁에 시달리느라 수업개혁과 교사연수는 방치해 왔다. 그 결과는 비참했다. 이렇게 사회가 변하고

---

[*] 일본 지방자치법에 따라 내각의 정령(政令)으로 지정된 시_옮긴이

학문이 변하고 교육이 바뀌고 있는데, 고등학교 수업 풍경은 나의 고등학교 시절에서 거의 변함이 없다. 게다가 교내 연수의 기회는 세계에서 제일 적다. 일제식 수업으로 칠판과 분필로 수업을 하는 고등학교는 일본과 북한에 겨우 남아 있는 상태이다. 그 결과 소위 학력이 낮은 학교에서는 수업이 붕괴되고, 최근 들어서는 최고 수준의 학교에서도 수업이 무너져가고 있다. 당연한 귀결이라 할 수 있다.

유럽과 미국에서는 일제 수업에서 협동적인 배움으로의 전환이나 프로그램 형 교육과정에서 프로젝트 형 교육과정으로의 개혁은 대학의 수업개혁에서 먼저 이루어지고 그에 이어 고등학교에서 수행되어 왔다. 그리고 고등학교의 개혁에 자극을 받아서 중학교와 초등학교 개혁도 진행되어 온 경위가 있다. 그러나 일본에서는 '21세기형 교육'은 초등학교에서 시작되어 중학교로 확대되고, 고등학교를 건너 뛰어 대학으로 확대되는 양상을 보인다. 골짜기에 놓인 고등학교의 수업개혁을 앞으로는 본격적으로 추진할 필요가 있다. 고등학교의 수업개혁은 대학 입시가 존재하는 한 불가능하다는 의견을 곧잘 듣는다. 하지만 이것은 편견이다. 배움의 공동체 학교개혁에 도전한 모든 고등학교가 대학 입시에서 비약적인 성과를 거두고 있다는 것이 그것을 실증하고 있다.

이전에 중학교 수업개혁이 정체되었을 때 중학교의 수업개혁은 고등학교 입시가 있는 한 어렵다는 말을 들었고, 문제 행동이 많이 일어나는 상황에서는 힘들다는 말도 계속해서 들어왔다. 솔직히 고백하자면, 부끄럽게도 나 자신도 나가오카 시의 미나미 중학교와 후지 시의 기쿠요 중학교에서 배움의 공동체 학교개혁을 성공시키기 전까지는 마음 속 어딘가에서 그렇게 생각했다. 그러나 실제로는 그렇지 않았다. 현재 중학교에서의 배움의 공동체 학교개혁은 초등학교의 개혁 이상으로 활발해졌고, 게다가 문제 행동이 심하게 일어났던 학교일수록 활발하게 진행되고 있다.

배움의 공동체 학교개혁은 앞으로 초등학교, 중학교, 고등학교, 대학 등 모든 단계에서 교육개혁의 중심적인 추진력으로 진행될 것이다. 이 모든 것은 지역에 하나의 파일럿 스쿨을 만드는 도전에서 시작된다. 아무리 어려운 일일지라도 개혁을 실천하는 것은 교육의 미래를 약속하는 것이 될 것이다.

· 2부 ·

수준별 지도를 말하다

급속히 퍼져가는 수준별 지도

폭발적인 보급과 그 불안

수준별 지도가 초등학교와 중학교에 급속도로 퍼져가고 있다. 2003년 문부과학성의 '공립소·중학교 교육과정 편성, 실시상황 조사'에 따르면 '이해나 습숙의 정도에 따른 지도를 실시'하고 있는 초등학교는 74%, 중학교는 67%에 달했다.([그림 3] 참조)

'수준별 지도'가 문부과학성의 문서에 처음 등장한 것은 2001년 1월이었으니 놀라울 만큼 빠른 확산이다. 이제까지 일본의 초등학교와 중학교의 교육은 차별이나 선별이 없는 평등한 교육이라는 평가를 받아왔다. 그 기초가 지금 흔들리고 있다. 왜 이런 사태

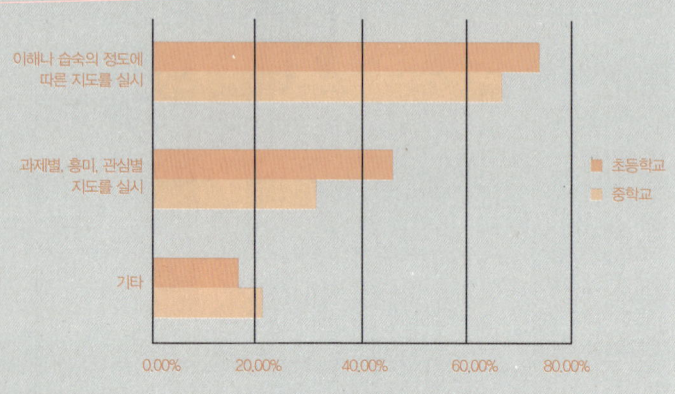

[그림 3] '개인에 따른 지도'의 실시 방법 (필수교과: 학교별)

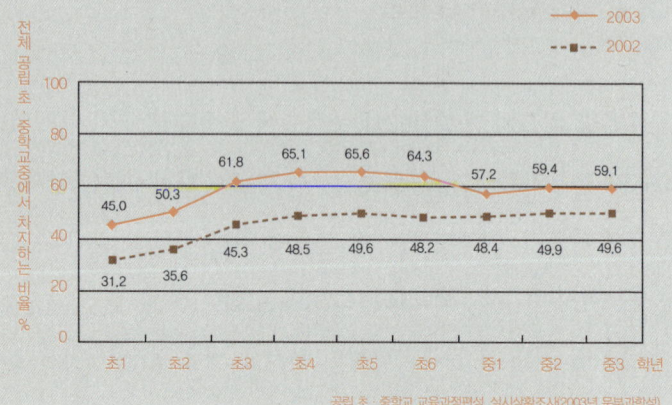

이해나 습숙의 정도에 따른 지도의 실시 상황 (필수교과: 학교별)

가 벌어진 것일까? 그리고 수준별 지도는 무엇을 가져다줄까?

수준별 지도의 제안은 교육개혁국민회의(오부치 수상小渕首相 및 모리 수상森首相의 사적인 자문기관)의 '17개의 제안'(2000년 12월)에서 제시되어 그것을 받아서 작성된 문부과학성의 '21세기 교육신생플랜'(17개의 제안과 주된 정책과제)에서 '일률주의를 개선하여 개성을 살리는 교육 시스템을 도입한다'(6번째 제안)의 제1항에 '소인수(少人數) 지도의 실시, 수준별 학습의 추진'이라 기재되어 있다. 이 제안은 그 후 '레인보우 플랜=7가지 중점전략'(문부과학성)의 제1항 '이해가 잘 가는 수업을 하여 기초학력을 향상시킨다'에서 '기본적 교과에 있어서의 20명 학급과 수준별 수업의 실현'으로 구체화되어 있으며, '학력저하'에 대한 대응으로서 제안된 토오야마(遠山) 문부대신의 '배움을 권함'에 답습되어 있다. 이전까지는 수준별 지도를 도입하는 초등학교나 중학교가 드물었지만, 2년이라는 짧은 기간에 광범위하게 확산되었다.

수준별 지도에 대한 교사나 학부모의 불안이나 비판이 없는 것은 아니다. 다음에 나오는 〔그림 4〕는 문부과학성이 2003년에 실시한 '학교 교육에 대한 의식조사'이다. 여기에서 '수업의 이해도에 의한 그룹 편성에 대하여'에서 '학생의 학력차가 더 벌어지는 것이 아닌지 불안하다'라는 항목에 '그렇다'와 '어느 쪽인가 택해야 한다면 그렇다'라고 응답한 학부모는 42%, 교사는 57%에 달하며 '학생들 사이에 우월감이나 열등감이 생길 것 같다'라는 항목에

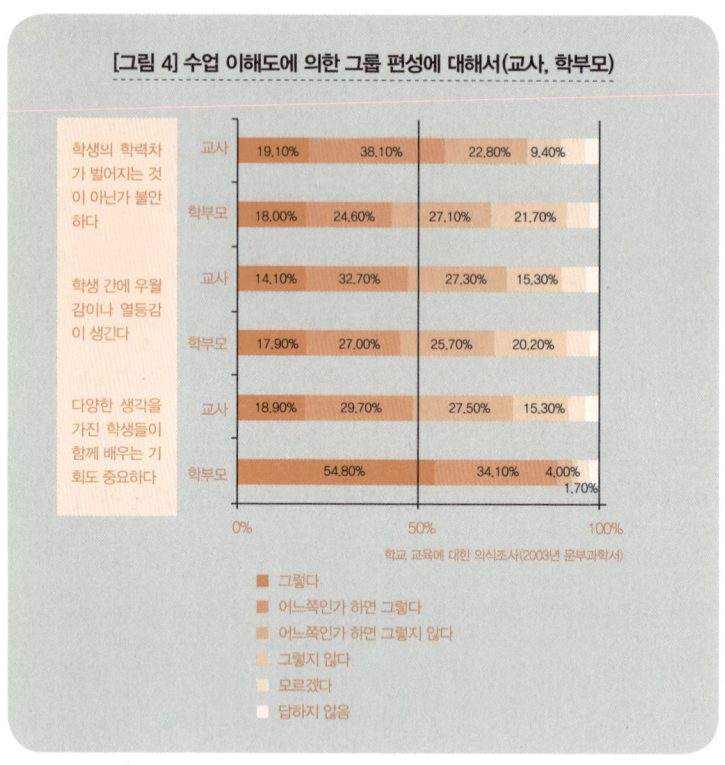

'그렇다', '어느 쪽이든 택해야 한다면 그렇다'라고 대답한 학부모는 45%, 교사는 47%, 또한 '수준별 지도'보다 '다양한 생각을 가진 다른 학생들과 함께 배우는 기회도 중요하다'라는 항목에 대해 '그렇다', '어느 쪽이든 택해야 한다면 그렇다'라고 대답한 학부모는 89%, 교사는 49%에 달한다.

교실에 어떻게 도입되어 있는가

현재 '수준별 지도'가 적용되는 것은 초등학교에서는 산수, 중학교에서는 수학과 영어 과목이다. 최근에는 국어과에 도입을 검토하고 있는 학교도 늘고 있다. 그리고 그 대부분이 '소인수 지도'와 세트로 도입되고 있다. 산수(수학)나 영어 수업 시간이 되면 학급이 하나인 학년은 수준별로 2개 반으로, 두 학급인 학년은 3개 반으로, 3학급이 있는 학년은 4개 혹은 5개의 반으로 나뉘어 수업을 받는다. 초등학교에서는 고학년에만 도입한 학교도 있고 1학년부터 도입하는 학교도 있다.

학생들에게는 '수준별 지도'라는 말은 사용하지 않는다. '기초 코스', '표준 코스', '발전 코스'라 부르는 경우도 있지만, 학생들에게 끼치는 심리적 영향을 고려하여 애매한 표현을 쓰는 경우가 많은 모양이다. 명칭을 보면 왠지 우습다. '차분히 코스', '더 더 코스', '토끼 코스', '거북이 코스' 등이 빈번히 사용되는 명칭이다. '천천히 코스', '가라가라 코스'나 '하이킹 코스', '등산 코스'도 있다. 그중에는 '매화 코스', '소나무 코스', '대나무 코스' 등도 있어 마치 초밥이나 도시락 이름 같다. 진지하게 고안한 명칭이기에 우습지만 웃을 수도 없다. 그 효과도 의문스러운 채 이런 이름으로 그룹을 나누어 정해진 코스를 달리도록 요구받는 학생들이 안쓰러운 것은 나뿐만은 아닐 것이다.

교장이나 교사는 능력 차별의 현실에 대해 애매하게 대처하는 경향이 있다. 수준별 지도를 실시하는 학교에서 교장이나 교사에게 "수준별 편성을 하고 있습니까?"라고 물어보면 "아니요, 저희 학교에서는 안 합니다"라고 대답하여 놀란 적이 있다. "학생과 학부모의 의견을 듣고 편성하고 있으니까요"가 그 이유이다. "시험 점수로 반 편성을 하고 있는 것은 아니니까요"라고 말하는 경우도 있다.

현실적으로는 학생과 학부모의 의견을 듣지 않고 '수준별 편성'을 하는 학교는 적으며, 시험 점수만으로 하는 학교도 거의 없다. 학생과 학부모의 의견을 듣든지 듣지 않든지 시험 점수로 반을 가르든 그렇지 않든 '수준별(능력별)' 반 편성을 하는 것 자체가 문제인데, 이것을 교장이나 교사들은 자각하지 못하는 것 같다. 실제로 학생과 학부모에게 '상위', '중위', '하위'라는 세 단계의 반 중 어디에 들어가고 싶은지 물어보면 성적 상위자가 '하위' 반을 선택하는 경우는 없으며, 성적 하위자가 '상위' 반을 선택하는 경우도 없다. 학생과 학부모의 의견을 듣고 편성해도 '상위', '중위', '하위' 반의 경계는 다소 겹치지만 능력별로 세 단계로 구분되는 것이 현실적인 결과이다. 미국에서는 학생과 학부모의 의견에 따라 조직한 수준별 편성을 '능력별 편성(ability grouping)'이라고 부른다.

학생과 학부모의 희망에 의한 '자기선택'과 '자기결정'이라는 절차는 '자기책임'이란 논리로 귀결된다. '수준별 편성'에서 학생과 학부모의 희망사항을 듣는 방법이 중시되는 것은 학생이나 학부모의 열등감이나 우월감을 배제하는 심리적 효과도 있겠지만, 그와 동시에 '자기선택'을 요구함으로써 '능력 차별'의 현실을 애매하게 만들어 학생과 학부모의 '자기책임'에 귀착시키는 교사의 책임회피 의식이 작용하고 있기 때문이라고 할 수 있지 않을까.

수준별 지도에서는 학생들의 수준(능력)에 따라 가르치는 내용도 다르다. 산수(수학)의 경우 '하위' 반에서는 '예제 1'을 중심으로 수업이 진행되고, '상위' 반에서는 '발전 문제'를 중심으로 수업이 진행된다. '상위' 반에서는 활발하게 의견이 개진되고, 반대로 '하위' 반에서는 활기가 덜한 느낌이 든다. 그러나 '하위' 반 학생들에게 질문하면 '수업이 쉬우니까 즐겁다'라는 긍정적인 대답이 많다고 한다. 수업 내용의 수준을 낮추므로 당연한 결과이다.

'수준별' 반 편성을 보면 초등학교 저학년에서는 '수준'보다는 태어난 달에 따라 편성이 되는 경향이 있다. 초등학교 저학년에서는 4월생 학생과 3월생 학생 사이에는 경험 차이에 의한 발달의 차이가 약 1년 정도 난다. '수준별 지도'는 이 차이를 고정시켜 확대시킬 위험이 있다. 그에 반해서 초등학교 고학년부터 중학교의 '수준별' 반 편성을 보면 학생 가족의 계층이나 학력 등의 영향이 큰 것을 알 수 있다.

일본의 교육은 '악평등'인가

　수준별 지도가 이렇듯 급속히 보급되는 배경에는 새로운 능력주의와 경쟁주의 이데올로기가 있다. 여기서 '새로운'이라고 부르는 것은 '기존의' 능력주의와 경쟁주의가 민주주의나 평등을 부정하지 않았던 것에 비해 '새로운' 능력주의와 경쟁주의는 민주주의와 평등에 적대적인 특징을 나타내기 때문이다. 이 새로운 능력주의와 경쟁주의 이데올로기는 나까소네 수상(中曾根首相)의 사적 자문기관인 임시교육심의회(1984년 설치)에서 등장하여 최근 20년간의 교육개혁을 주도해 왔다. 그 특징은 일본의 교육은 '악평등'이라 단정하여 전후 교육에서 금기시 되어 온 능력에 따른 차별이나 배제, 경쟁을 인정하여 민주주의와 평등을 정면으로부터 부정하는 점에 있다.

　새로운 능력주의는 최근에 한층 박차를 가하고 있다. '능력도 개성'이라는 표현이 등장한 것은 내각부의 총합규제개혁회의의 보고(2001년)였으며 작금의 교육기본법 '개정'론자의 주장에는 '애국심 교육'과 함께 '능력의 차이는 절대적'이며 '능력의 차별은 차별이 아니다'라는 노골적인 표현이 포함되어 있다. 보수적 정치가가 '악평등'을 목소리 높여 외치고 '영재교육'과 '수준별 지도'에 집착하는 것은 이러한 교육이 민주주의와 평등의 교육을 뿌리째 흔드는 것이기 때문이다. '학력저하' 논쟁은 이러한 정치적 이데올로기의 침투에 절호의 무대를 제공한다 해도 무방할 것이다.

그런데 일본의 교육은 정말 '악평등'일까? 무엇을 가지고 '악평등'이라고 말하는지 명확하지 않는 이상 '악평등'인지 '악평등'이 아닌지를 판단하는 것은 불가능하다. '악평등'은 말하자면 실체가 불분명한 분위기를 나타내는 말이다. 그러나 일본의 교육을 '악평등'이라 비판하는 의견은 국외에서는 전혀 볼 수 없고, 국내의 보수적 권력자들만 주장하고 있다는 사실에 유의할 필요가 있다.

일본의 교육에 대한 세계 각국의 관심이 높기 때문에 방대한 양의 연구논문이나 잡지 기사가 출판되어 있다. 긍정적으로 평가하는 논문이나 기사가 많은데, 어느 논문이나 기사에도 일본 교육의 결점이나 약점에 대한 지적이 포함되어 있다. 그러나 그중 '악평등'이라는 지적이나 비판을 하는 논문이나 기사는 찾아볼 수 없다. '악평등'이라는 평가는 일본 내에서만 일컬어지는 가십과 같은 것이다.

일본 교육에 대한 국외의 평가는 오히려 반대이다. 일본 교육의 최대 강점은 평등에 기반을 둔 기초교육(초등학교와 중학교) 단계의 수준이 높다는 것이 국외의 평가의 정설이다. 세계의 교육에 조금이라도 익숙한 사람이라면, 이 평가가 타당하다는 것에 이론을 펴는 사람은 없을 것이다. 그리고 이것이 진실이라면 '수준별 지도'의 폭발적 보급은 일본 교육 최대의 강점을 스스로 파괴하고 있는 것이다.

한 번 더 '일본의 교육은 악평등인가' 되물어 보자. 어느 나라와 비교하느냐에 따라 결론은 다르겠지만, 유럽이나 미국과 비교했을 때 일본의 교육은 '악평등'은커녕 '불평등'한 시스템임을 지적해 두고 싶다.

일본 교육의 강점이 평등에 바탕을 둔 높은 수준의 기초교육에 있다고 말했는데, 이 특징은 초등학교와 중학교까지에만 해당한다. '불평등'의 현실은 고등학교 입시 단계에서 현저하게 나타난다. 다른 어떤 나라를 보아도 수험 학력으로 슬라이스 햄과 같이 세세하게 격차가 매겨지는 일본의 고등학교와 같은 '불평등' 시스템을 찾아볼 수 없습니다. 미국이나 영국이나 캐나다, 뉴질랜드와 같은 영어권 나라들은 대학 입시 이외의 수험이 없으므로 고등학교까지는 일본의 중학교와 같이 적어도 형식적으로는 점수에 의한 선별이나 차별이 없는 교육이 이루어진다. 프랑스나 독일, 이탈리아와 같은 유럽의 나라들은 중등교육에서 보통고등학교와 직업고등학교로 나뉘지만, 보통고등학교와 직업고등학교 간의 격차가 있을 뿐 일본의 고등학교와 같이 학교별로 격차가 있는 것은 아니다.

일본은 대학까지 수험 학력으로 격차가 매겨지므로 이처럼 불평등한 교육 시스템을 취하는 나라는 세계 어디에도 존재하지 않는다고 해도 될 것이다. 그 실태를 무시한 '악평등'이라는 분위기의 말은 아무런 근거도 없을 뿐 아니라 허위이며 사실에 반하는 것이라 하지 않을 수 없다.

행정에 의한 보급

수준별 지도가 왜 이렇게 급속도로 도입된 것일까? 사실 이러한 급격한 보급은 문부과학성의 지시에 의한 것은 아니다.

문부과학성은 '학력저하' 비판에의 대응으로 '수준별 지도'를 장려하고 있으며, 전국적으로 1,000개를 연구지정한 '학력 프론티어 학교'에서는 '수준별 지도'의 실험을 하도록 요구하고 일반 학교에는 '소인수 지도'를 위해 교사의 추가 배치(정원 이상으로 교원을 배당하는 조치)를 실행하고 있지만 '수준별 지도'를 일률적으로 도입하도록 요구하지는 않는다. 2003년 10월 현재 심의중인 중앙교육심의회도 '중간보고(안)'에서 학습지도요령(국가교육과정_옮긴이)에 '맞춤형 지도'의 예로 '수준별 지도'를 명기하도록 제안하지만, 모든 학교에 강요하는 것은 아니다.

문부과학성이 공언하듯이 수준별 지도의 도입 여부는 각 학교의 판단에 맡겨져 있다. 그러나 현실적으로는 문부과학성이 보고서나 제언에서 장려한 것만으로도 전국 각지의 학교에 급속히 그리고 일제히 보급되었다. 도대체 왜 이런 사태가 발생한 것일까?

도도부현 교육위원회의 정책에 따라 차이는 있지만, 많은 도도부현에서는 각 학교의 교장이 '수준별 지도' 도입에 관한 교육위원회로부터의 문의에 대해 '도입하지 않는다'는 선택을 하기는 사실상 어렵다. 소인수 지도를 수준별 지도와 세트로 도입함으로써 추가 배당 교사에 대한 예산을 확보하는 도도부현 교육위원회가 많기 때문이다. 문부과학성도 학력 프론티어 사업이나 소인수 지도의 실현을 수준별 지도의 도입과 세트로 예산화해 왔다. 수준별 지도의 보급의 배후에는 소인수 지도의 교원 확보를 노리는 문부과학성이나 도도부현 교육위원회의 엘리트 교육을 추구하는 보수적 정치가와의 정치적 거래가 있는 것이다. 이것이 수준별 지도가 각 학교의 자주적 판단에 맡겨져 있으면서도 반은 강제적으로 '수준별 지도'가 보급된 원인이다. 양식과 견식이 있는 교장이 수준별 지도의 도입을 전제로 한 교사의 추가 배당을 거부하는 사례도 가끔 보이지만 오늘날의 상황에서 그러한 용단을 내리는 것은 극히 어려운 일이다.

이렇게 수준별 지도의 도입에 적극적인 지방교육위원회의 관할 하에 있는 학교에서는 별개로 있어야 할 소인수 지도와 수준별 지도가 세트로 보급되어, 말로는 학교의 자주적 판단이라고 하면서 수준별 지도를 도입하지 않을 수 없는 사태가 벌어지고 있다.

놀랄만한 무책임체제

'수준별 지도'가 실패로 끝나고 아이들의 미래에 되돌릴 수 없는 손실을 주었다고 가정해 보자. 그때 교사는 무어라 말할 수 있을 것인가?

앞서 기술한 보급 상황에서 생각해 볼 때 많은 교사가 "나는 원래 의무도 가졌고 불안도 비판도 있었지만 학년 단위로 도입하여 학교장이 '여러 가지 의견은 있겠지만, 교육위원회로부터의 요청도 있으니 반드시 도입했으면 한다'고 말하여 혼자서 거부할 수 없었다"고 말할 것이다. 학교장도 "나도 개인적으로는 반대였지만 '소인수 지도'에 추가적으로 교사 배치를 받게 되고 교육위원회로부터 추가 배치 교사에 대해서는 '수준별 지도'에 활용하도록 요청 받은 이상 거부할 수 없었다"라고 말할 것이다. 시정촌 교육위원회도 마찬가지로 "현(도도부)교육위원회로부터 '소인수 지도'의 추가 교사 배치를 '수준별 지도'로서 활용하도록 하는 요청이 있어서…"라고 답하고 도도부현도 마찬가지로 "문부성으로부터…"로 대답하고 그리고 문부과학성은 "수준별 지도의 도입은 각 학교상의 자주적 판단에 의해 결정되었다"고 책임을 돌릴 것이다. 예상되는 이러한 회답이 전부 거짓말은 아니지만, 아이들에 대해서 모두가 무책임하기는 공통적이다.

이렇게 무책임한 판단과 행동을 교육행정이나 교장이나 교사가 취해도 되는가? 아이들은 부모와 교사와 교장과 교육위원회와 문부성을 믿고 일방적으로 강요되는 '수준별 반 편성'을 불만도 말하지 않고 감내하며 수용하고 있다. 만약 '수준별 지도'가 실패로 끝나고 그 결과 아이들의 장래에 걸쳐 손실이 발생하는 경우 대체 누가 그 아이의 책임은 떠안을 것인가? 교사가 교육전문가라고 한다면 의사의 의료 실수와 마찬가지로 교사의 교육 실책에 대해서도 당연히 물어야 할 것이다. 혹시 그 책임을 스스로 지지 않아도 되기 때문에 '수준별 지도'를 도입해야 한다고 하는 것은 아닌지? '수준별 지도'를 도입하기 위해서는 전문가답게 책임감을 갖고 도입해야 한다. 이는 '수준별 지도'가 올바른 방법인가 아닌가 또는 교육 효과가 유효한가 그렇지 않은가라는 판단 이전의 문제이다.

'수준별 지도'의 급격한 보급이 아이들의 마음에 상처를 줄 뿐 아니라 교사나 교육행정 관계자의 도덕성에도 문제를 일으키고 있다. 불과 수년 전만 해도 초등학교와 중학교 교사는 거의 대부분이 아이들을 학력이나 능력으로 차별하지 않고 구별하지 않는 것을 자신의 교육 신념이자 교사로서의 프라이드로 여겨왔다. 그 높은 신념과 긍지는 어디로 갔단 말인가?

내용의 개요

2부에서는 수준별 지도의 문제점을 구체적으로 검토해 보고자 한다. 이처럼 '수준별 지도'가 대규모로 확산되고 있는데 이를 비판적으로 검토한 책은 한 권도 출판되지 않았다. 방대한 수의 교육심리학자나 교육학자가 있는데 무슨 이유인지 모두 침묵을 지키고 있다.

그 이유로는 두 가지를 들 수 있다. 하나는 이제까지 '수준별 지도'는 학원에서는 당연히 보급되어 있었지만 고등학교에서는 일부 학교에서밖에 실시되지 않았고 초등학교나 중학교에서는 전혀 실시되지 않았기 때문에 이에 대해 본격적으로 연구한 사람이 없다는 것이다. 10년 전에 누가 오늘날과 같은 사태를 예상이나 했을까?

또 한 가지 이유는 유럽과 미국에서 '능력별 지도, 진로별 지도' (tracking)의 연구는 1960년대부터 1970년대에 걸쳐서 왕성하게 이루어졌지만, 최근 20여 년 동안에는 거의 연구되고 있지 않기 때문이다.

유럽과 미국에서 능력별 지도 연구가 주춤해진 것은 능력별 지도의 효과에 대한 의심이 명확해져서 거의 모든 나라에서 능력별 지도의 폐지를 위한 노력이 전개되었기 때문이다. 현재 능력별 시도를 유지하고 있는 나라는 독일, 스위스, 오스트리아 등 몇몇 국가가 존재하지만, 그들 나라에서도 능력별 지도의 교육 효과를 지지하는 사람은 드물다. 그럼에도 능력별 지도가 계속되고 있는 것은 특권적인 엘리트 교육을 추구하는 보수적 정치가의 압력이나 소수자의 배제를 추구하는 사람들의 정치적 압력 때문에 폐지가 곤란하기 때문이다.

나는 미국 학교개혁의 역사와 현재를 연구해 왔기 때문에 능력별 지도에 대해 강한 관심을 가져 왔다. 그 지견과 조사 데이터나 연구논문에 의거하여 이 책에서는 다음과 같은 논점에 대해 이야기하고자 한다.

1. 첫 번째로 수준별 지도가 얼마나 시대착오적인 방법인가를 말하고자 한다. 유럽과 미국에서 수준별 지도가 남아 있는 나라는 몇몇 밖에 없다. 그것도 그 국가들은 학력문제로 심각한 위기에 봉착해 있다. 그러한 상황을 먼저 최근의 국제학력조사의 결과와 내가 조사한 결과를 가지고 묘사해 보려 한다.

2. 두 번째로 수준별 지도의 유효성에 대해 이제까지 실시된 대표적인 조사연구에 의거해 검증해 보고자 한다. 수준별 지도는 몇 가지 소박한 믿음을 전제로 도입되었다. 예를 들어, 다음과 같은 통념은 타당한 것일까?

①학생들은 능력이나 이해도나 배우는 속도가 비슷한 그룹과 함께 배우는 것이 보다 더 잘 배울 수 있다는 통념. 이 믿음은 성적이 좋은 학생들에게 있어서는 다양한 성적의 그룹과 함께 배우는 것보다 좋은 성적의 그룹 속에서 배우는 것이 더 잘 배울 수 있다는 통념이고 성적이 나쁜 학생들에 있어서도 자신보다 성적이 좋은 그룹과 함께 배우는 것보다 비슷한 수준의 그룹 속에서 배우는 편이 마음을 열고 적극적으로

배울 수 있다는 통념이다.

② 표준화된 학력 테스트의 성적으로 그룹 편성을 하는 것이 정확하고 공평한 편성으로서 유효하며, 교육 효과가 있는 그룹 편성이 될 것이라는 통념

③ 수준별 그룹 지도에 의해서 학생들 전체의 학력향상을 이룰 수 있을 것이라는 통념

④ 수준별 지도로 학력이 낮은 학생들에게 맞춘 지도를 할 수 있기 때문에 학생들 전체의 학력 격차를 줄일 수 있을 것이라는 통념

⑤ 능력이나 이해도, 배움의 속도가 비슷한 학생들을 그룹으로 편성하는 편이 교사가 지도하기 쉽고 교육 효과도 높을 것이라는 통념

이들 일련의 통념을 이제까지 이루어진 조사연구의 결과에 입각하여 검증한 후에 왜 이 통념들이 틀린 것인지를 이론적으로 밝히고자 한다. '수준별 지도'를 뒷받침하는 소박한 믿음들은 수업이나 배움의 과정, 교육과정에 관한 잘못된 관념에 근거를 두고 있다. 그것이 무엇 때문인지를 수업과 배움과 교육과정의 현실에 입각하여 검토하겠다.

3. 세 번째로 '수준별 지도'에 대한 대안적인 배움으로써 다양

한 능력이나 개성, 문화를 가진 학생들이 협동하여 배움을 창조하는 방법에 대해 제안하고자 한다. 개인차의 다양성에 입각한 교육 효과가 있는 배움은 어떻게 실현되어야 하는가? 이 소책자의 마지막에서는 능력이나 개성의 다양성을 기초로 하여 학력향상을 이루는 수업개혁의 지표를 제시하고자 한다.

수준별 지도는 시대착오다!

PISA 충격

수준별 지도의 유효성을 되묻는 흥미로운 조사결과가 있다. 2000년에 OECD가 15세 학생을 대상으로 28개의 가맹국과 4개의 비가맹국에서 실행한 국제학업성취도평가(PISA, Programme for International Student Assessment) 조사의 결과이다. 이제까지 국제학력비교시험으로는 국제교육도달도평가학회(IEA)의 조사가 유명했다. PISA 조사는 IEA 조사와 목적과 성격이 다르다. IEA 조사가 조사대상국의 교육내용이 공통되는 부분에서 시험을 작성하여 그 습득 상황을 조사한 것과 다르게 PISA 조사는 21세기에 필요한 '독

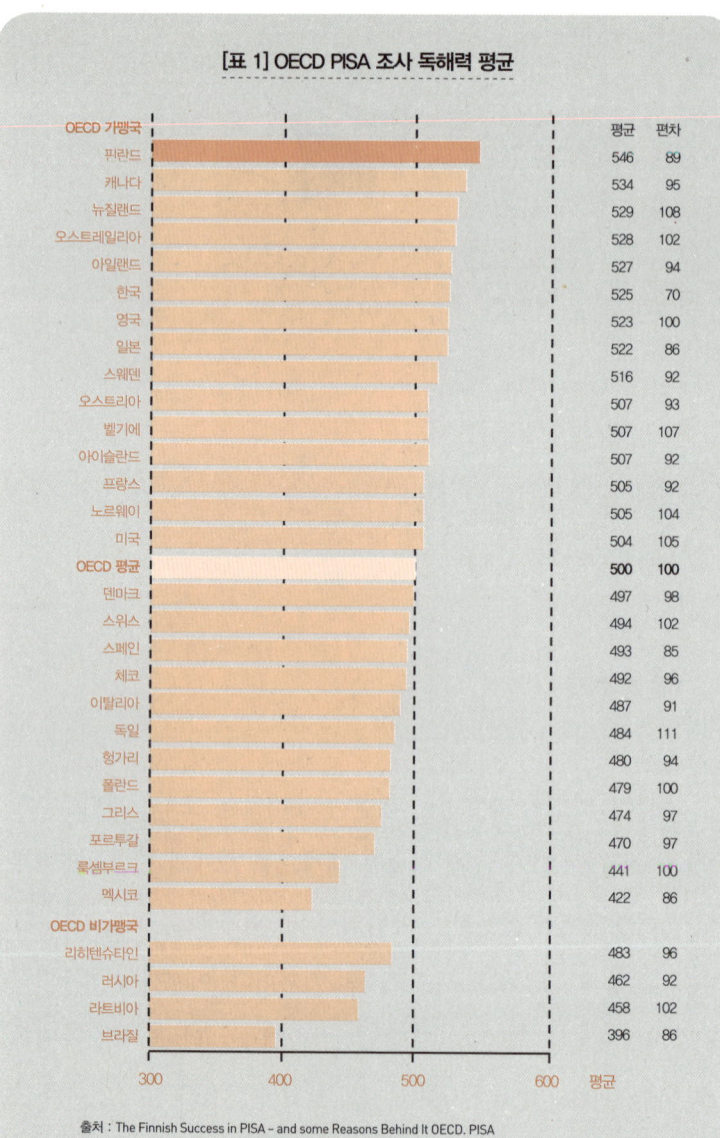

[표 1] OECD PISA 조사 독해력 평균

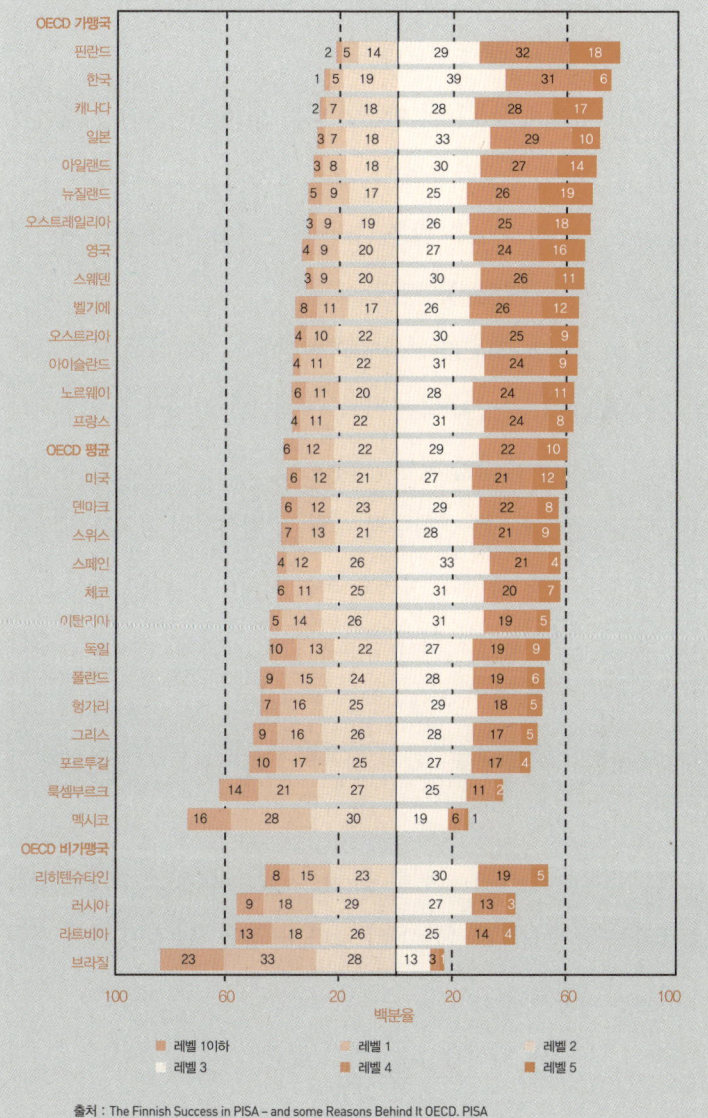

해력(reading literacy)', '수학력(mathematical literacy)', '과학력(scientific literacy)'을 설정하여 각국의 학력이 21세기의 사회에 부합된 수준에 도달하고 있는지를 조사한다.

OECD는 현재 학생들이 어른이 되는 2020년에 30개 가맹국의 제조업 분야에서 총 생산고는 약 2배로 증가하지만, 제조업에서 일하는 노동자 수의 비율은 많은 나라에서는 10%에서 적은 나라에서는 2%로까지 격감할 것이라고 예상한다.

일본을 포함한 OECD에 가맹한 선진국은 세계화에 의해 물건의 생산과 소비가 중심이 되는 사회(산업주의 사회)에서 정보나 지식 서비스가 경제의 중심이 되는 사회(포스트 산업주의 사회)로 급속히 이행하고 있다. 포스트 산업주의 사회는 '지식사회'라고도 불리듯이 지식이 고도화, 복합화, 유동화 되는 사회이다. PISA 조사는 이러한 포스트 산업주의 사회가 필요로 하는 학력을 '독해력', '수학력', '과학력'이라는 3가지 영역으로 설정하고, 각국의 15세 학생의 달성 수준을 조사하여 교육정책 입안의 기초자료도 제공하고자 하는 프로젝트이다.

제1회 PISA 조사는 '독해력'을 중심으로 2000년에 실시되었다. 그 결과는 앞의 [표 1], [표 2]와 같다. 득점은 500점이 전체 평균이 되도록 조정되었다.

[표 1]을 보면 아시다시피 1위는 핀란드(546점), 2위는 캐나다(534점), 3위는 뉴질랜드(529점), 4위는 오스트레일리아(528점), 5위

는 아일랜드(527점), 6위는 한국(525점), 7위는 영국(523점) 그리고 8위가 일본(522점)이었다. 2위 캐나다부터 8위 일본까지는 큰 차이가 없으므로 '2위 그룹'이라고 부른다. 〔표 2〕는 각국의 학력단계의 분포를 나타낸다. 핀란드를 시작으로 상위 나라들은 높은 수준의 학생이 많을 뿐 아니라 학력 격차의 폭이 좁은 것이 특징이다.

이 조사결과는 세계를 놀라게 했다. 그 이유는 두 가지이다. 하나는 핀란드가 압도적으로 세계 1위 학력을 획득한 것이다. 또 하나는 이제까지 고학력이라 여겼던 스위스(17위)나 독일 (21위)이 평균 이하의 참담한 성적을 거둔 것이다. 이 충격은 'PISA 쇼크'라고 불리고 있다.

능력별 교육의 패배

나는 PISA 조사의 결과는 능력별 교육(tracking, 능력이나 진로의 차이에 의해 코스를 나누는 교육)의 패배를 의미한다고 생각한다. 다시 한 번 〔표 1〕을 보자. 1위부터 8위까지의 나라는 모두 15살까지의 능력별 교육을 폐지한 나라이거나 능력별 교육의 폐지를 추진한 나라이다. 한편 삼분기 시스템(초등학교의 학업 성적으로 대학 진학을 위한 엘리트 학교, 실업사회에 대비하기 위한 직업고등학교, 그 이하 성적의 학교로 나뉘는 중등교육 시스템)을 고지하고 있는 독일, 스위스, 오스트리아 등은 모두 중하위의 성적에 그쳤다.

더욱 심각한 PISA 쇼크를 받은 독일에서는 초등학교 4학년의 성적에 따라 대학 준비를 위한 엘리트 교육을 하는 김나지움(Gymnasium), 직업기술을 교육하는 레알슐레(Realschule, 실업학교), 학력이 낮은 아이들을 모으는 하우프트슐레(Hauptschule, 기간基幹학교), 이렇게 세 개로 나뉜다. 겨우 10살 아이의 성적으로 그 아이의 장래를 결정하는 것은 난폭한 제도라 여겨지지만, 예전에 유럽형 중등학교는 어느 나라나 독일과 같은 삼분기 시스템을 채택하고 있었다.

1960년대부터 1970년에 걸쳐서 삼분기 시스템을 폐지하고 종합제 고등학교(comprehensive school)로 통합하는 개혁운동이 유럽 각지에서 전개되었다. 영국이나 핀란드 등의 북유럽 국가에서는 삼분기 시스템을 폐지하고 종합제 고등학교로 이행했다. 그러나 독일이나 프랑스에서는 보수정치의 벽에 부딪혀 부분적으로 밖에 실현되지 못했다. 독일에서는 약 10%의 중등학교가 삼분기 시스템을 통합한 게잠트슐레(Gesamtschule)로 이행했지만, 그 '게잠트슐레'에서도 학교 내부에서는 능력별 교육을 채택하고 있다.

독일에서 PISA 쇼크가 심각했던 것은 학력이 낮은 학생들이 모이는 하우프트슐레의 학생의 학력이 저조했을 뿐만 아니라 엘리트 교육을 하는 김나지움 학생의 성적이 엘리트 교육을 실행하지 않는 핀란드나 캐나다의 상위층의 성적보다 낮았기 때문이다. 독일에서는 교육에 대한 국가적 위신이 붕괴되었을 뿐 아니라 삼분기 시스템의 폐해가 현재화하여 하우프트슐레의 심각한 학력 실태가 드러나고, 또한 엘리트 교육이 반드시 유효하지만은 않다는 것이 밝혀졌다. PISA 조사는 능력(트래킹)별 교육의 패배를 세계에 알리는 계기가 되었다고 해도 될 것이다.

질과 평등

독일의 실패가 능력별 교육의 패배를 의미한다면, 핀란드의 성공은 교육에 있어서의 평등의 승리였다. 핀란드의 교육관계자와 OECD 교육분석가는 PISA의 조사결과가 '질과 평등'의 상호보완성을 실증했다고 말한다. 핀란드는 빈부의 격차가 세계에서 가장 적은 나라이며, 유럽 중에서도 가장 '평등'을 존중해 온 나라이기도 하다. 그리고 1970년대 이후 중등교육의 종합화와 능력별 교육의 폐지를 가장 적극적으로 추진한 나라 중 하나이다.

핀란드 교육의 경이적인 성공은 1990년대에 진행한 일련의 교육개혁의 성과라고 일컬어진다. 핀란드는 구소련과 동유럽의 붕괴로 심각한 영향을 받아 1994년에는 실업률이 20%까지 떨어졌다. 당시 30대라는 젊은 나이에 당선된 아호(Esko Tapani Aho) 총리는 경제위기를 극복하기 위해 교육의 '투자'를 확대하고 교육의 '질'을 높이는 개혁을 단행했다. 교육부의 국가예산(공교육비의 3분의 2를 부담)은 그대로 유지하면서 국가교육위원회에 의한 교육내용과 교사 교육에 대한 통제를 대폭 완화하여 지방행정과 학교에 권한을 이양하고 교사의 자유를 확대하여 창조성을 향상시키는 개혁을 추진했다. 그와 병행하여 교사의 자질과 전문성의 향상을 추진했다. 교사 교육은 학부 단계부터 대학원 단계로 이행되어 교사를 희망하는 학부생의 10명 중 1명이 교육대학원에 진학하여 교사가 되는 상황이 되었다.

핀란드가 주는 교훈은 '질'과 '평등'의 추구가 모순되지 않는다는 것이다. 지금까지 교육개혁에서 '질'과 '평등'을 대립적인 것으로 간주했다. 교육의 '질'로서 탁월성(excellence)을 추구하면 '평등'이 파괴되고, 반대로 '평등'을 추구하면 '질'이 저하된다는 것이 이제까지의 상식이었다. 그러나 핀란드의 사례는 '질'을 추구하는 것과 '평등'을 추구하는 것이 모순되지 않는다는 것, 아니 오히려 '질'과 '평등'을 동시에 추구하는 것이 교육개혁의 기본정책이 되어야 한다는 것을 보여준다.

21세기의 배움

능력별 교육을 고집하고 엘리트 교육을 추구한 나라들은 왜 학력저하를 초래하게 되었을까? 반대로 '질'과 '평등'을 동시에 추구한 나라들은 왜 학력향상을 달성할 수 있었을까? 그 배경에 산업주의 사회에서 포스트 산업주의 사회로의 이행에 의해 필요한 학력이 변화했다는 사실이 있다.

20세기 초에 발전한 산업주의 사회는 대량의 단순 노동자와 일부 지적 엘리트로 구성되는 피라미드형의 노동시장과 그 인재요청에 대응하기 위한 피라미드형 교육 시스템을 구축했다. 그와 병행하여 학교의 교육과정도 조립라인(assembly line, 대공장의 유동작업)과 같이 일방적, 단계적으로 나열된 프로그램으로 조직되었다. '생산목표'라는 용어로부터 '교육목표'라는 용어가 파생되고, 생산과정의 효율화를 모델로 하여 교육과정의 효율화가 도모되고, '품질관리(quality control)'를 위해 '시험'이 개발되었다. 이 산업주의 모델의 교육과정은 1910년대에 미국에서 등장하여 세계로 확산되었다.

현재 급속하게 진행되는 포스트 산업주의 사회로의 이행은 피라미드형의 노동시장과 교육 구조를 붕괴시키고 있다. OECD는 2020년 일본의 제조업 노동자 비율이 2% 정도일 것이라고 예상하지만, 그 징후는 젊은 층의 노동시장 붕괴로 현재에도 진행되고 있다. 직장에서 고졸을 찾는 수는 1992년 164만 명에서 2002년 16만 명으로 급격하게 감소했다. 세계화가 진행되면서 공장이 해외로 유출되어 단순노동이 국내에서 소멸되고 있는 것이다. 산업주의 사회의 피라미드형 노동시장은 포스트 산업주의 사회로의 이행

핀란드 초등학교의 복식 학급

에 의해 저변이 해체되고 윗부분이 팽창되는 쐐기 모양 혹은 역피라미드형 노동시장으로 이행되고 있다.

이 변화에 대응하여 선진국에서는 지식의 고도화, 복합화, 유동화에 맞추어 교육내용의 수준을 높이고 평생 배울 수 있는 기초가 되는 교양교육에 힘을 쏟고 있다. 핀란드의 교육은 그 전형이라 해도 될 것이다. 핀란드에서는 5km 이내의 통학구에 학교를 설립하는 것이 법으로 정해져 있어 초등학교도 중학교도 소규모이다. 초등학교에서는 전교 학생 수가 60명 정도여서 대부분 복식 학급이다. 중학교는 고등학교와 병설되어 전교 학생 수는 100~200명 정도인데, 프로젝트형의 배움을 추진하는 학교가 좋은 성적을 거두

핀란드 중학교의 프로젝트 학습

는 경향이 있다. 복식 학급도 그렇고 프로젝트형 배움도 그렇지만, 소규모 학교에서 능력이 다양한 학생들이 협동적으로 집약적인 배움을 전개하고 있다는 점에 성공의 비결이 있다.

동아시아 모델의 위기

OECD의 PISA 조사가 나타내듯이 선진국은 모두 21세기의 지식사회와 평생학습사회에의 대응으로서 교육내용의 수준을 높이고 창조적 사고나 비판적 사고, 커뮤니케이션을 중시한 배움으로의 전환을 도모하고 있다. 이 개혁에 실패한다면 그 나라는 대량 실업자를 낳는 사회로 전락하기 때문이다.

그런데 동아시아 나라들만은 복고주의라고 부를만한 특이한 대응을 하고 있다. 여기서 동아시아 나라들이라 함은 일본, 한국, 홍콩, 싱가포르, 타이완, 중국 등이다. 예를 들면 '기초학력 중시'라는 과제는 이들 나라에서만 찾아볼 수 있다. 포스트 산업주의 사회에서는 단순노동이 소멸하고 있으므로 '기초학력'으로는 취직의 기회도 사회 참가의 기회도 없기 때문이다. 또한 이들 나라에서는 근래 다국적화한 기업이 국제경쟁에 이기기 위해서 경쟁 원리에 입각한 '영재교육'을 도입하고 있다.

'수준(능력)별 지도'의 보급은 일본만의 현상이 아니라 한국, 홍콩, 싱가포르 등지에서도 발견되는 동아시아 특유의 현상이다. 싱가포르에서는 '경쟁'과 '효율'을 높이기 위해 초등학교 4학년이 끝날 때에 능력판정시험을 실시하고 5, 6학년을 3개의 능력별 코스로 나누어 중학교에서도 초등학교 졸업 시험의 성적에 따라 3개의 능력별 코스를 조직하고 있다. 한국에서는 제7차 교육과정(2000년)에서 '수준별 교육과정'을 도입하여 '단계별 교육과정'과 '심화·보충형 교육과정'이라는 두 가지 방식을 도입하고 있다. 수준에 도달하지 못한 30%의 학생들은 '특별 보충 과정'을 이수한 후에 진급한다. '심화·보충형 교육과정'은 전원이 배우는 '기본과정'과 진도가 빠른 학생은 '심화과정', 진도가 늦은 학생은 '보충과정'으로 나누는 방식이다. 중국에서도 경쟁과 선택에 의한 능력주의는 강화되고 '초상교육(超常教育, 엘리트 교육)'이 확대되고 있다.

　유럽과 미국에서 능력별 교육을 교육적으로 긍정하는 논의는 보기 드물다. 그런데 동아시아 국가에서만은 근래 급속히 능력별 교육을 도입하고 있다. 도대체 왜 그런 것일까? 동아시아 국가들은 지금까지 높은 수준의 평등한 기초교육을 통해서 급속한 산업화를 달성해 왔다. 그러나 지금은 세계화에 의해 자동차산업이든 전기산업이든 정보산업이든 기업은 다국적화하여 국제적인 주도권을 확보하는 엘리트 교육에 관심을 집중시키고 대량의 노동자 교육에 대한 책임을 방기하고 있다. 이렇듯 세계화된 포스트 산업주의 사회는 소수의 지적 엘리트에게 다수의 직업을 가지지 못한 자들이 기생하는 사회가 될 위험성이 있다. 그러한 위험을 가속시킬 수밖에 없는 '기계적 반복 학습'이나 '수준별 지도' 등 유럽과 미국에서는 이미 시대착오적이 된 교육이 보급되는 것은 동아시아 나라들에게 보이는 기괴한 현상임에 유의해야 한다.

수준별 지도는 유효한가

능력별 교육의 5가지 유형

수준별 지도는 유효한 방법일까? 원래 학교는 계급이나 인종, 성의 격차를 극복하고 평등한 사회의 실현을 사회적 사명으로 하고 있지만, 한편으로는 차별과 선별에 의해 계급이나 계층, 인종이나 성의 격차를 재생산하는 기능 또한 수행한다. 이러한 차별과 선별은 능력이나 진로에 따라 학습 코스를 나누는 능력별 교육에서 가장 현저하게 기능한다. '수준(능력)별 지도'는 능력별 교육의 방식 중 하나이다.

능력별 교육에는 다양한 유형이 있다. 첫 번째로 학교의 종류에 따른 능력별 교육이 있다. 유럽형 중등교육은 전통적으로 학교의 종류에 의한 능력별 교육을 실시해 왔다. 지금도 독일에서는 앞서 말한 것처럼 10살(초등학교 4학년)이 끝나면 대학 진학을 목적으로 하는 엘리트 교육기관인 김나지움, 공업교육이나 실업교육의 전문학교로 연결되는 레알슐레, 그 이하 성적의 학생이 가는 하우프트슐레라는 세 단계의 중등학교로 나뉘어 있다.

두 번째는 학교 안에 다양한 코스를 두는 능력별 교육이다. 그 전형은 일본의 고등학교에서 발견할 수 있다. 보통과 고등학교의 문과와 이과 코스와 유형, 전문과 고등학교의 세분화된 코스와 유형이 그 전형이다.

세 번째는 '스트리밍(streaming)'에 의한 능력별 교육이다. 하나의 학교 안에 학생이 선택할 수 있는 진로별 코스를 설정하는 방식으로 미국의 하이스쿨 등에서 '진학 중심', '직업 중심'의 이수가 가능한 방식으로 널리 실시되고 있다.

네 번째는 '수준별(능력별) 지도'에 의한 능력별 교육이다. 학력 시험 점수에 따라 그룹이나 반을 편성하는 방법이다. 엄밀히 말하면 학업 달성도에 따라 편성하는 '수준별 지도'와 지능검사를 측정한 능력의 수준에 따라 편성하는 '능력별 지도'로 구별해야겠지만, 지능검사로 그룹이나 반을 편성하는 사례는 드물며 학력 시험 결과에 따라 그룹을 나누는 것을 능력별 그룹핑(ability grouping)이라 부른다.

다섯 번째는 학교 선택에 의한 능력별 교육이다. 학교의 수준이나 학교의 소재지에 의한 문화 수준의 격차가 심한 경우 통학하는 학교에 의해 능력별 교육이 발생한다.

이 다섯 가지 형태의 능력별 교육은 나라에 따라 다양한 조합으로 실시되고 있다. 독일은 첫 번째 유형의 능력별 교육이 현저하며 나머지 유형은 약하다. 미국은 첫 번째와 두 번째 유형은 약하지만 나머지 유형이 강하다. 그에 비해 핀란드는 모든 유형에서 약하다. 그리고 일본은 적어도 수년 전까지만 해도 초등학교와 중학교에서 능력별 교육이 거의 실시되고 있지 않았고 반대로 고등학교는 코스와 유형의 다양화와 대학 입시에 의한 서열화에 의해 1, 2, 5번째 유형의 능력별 교육이 강하게 작동하는 시스템이었다. 그러나 최근 수준별 지도의 폭발적 보급으로 초등학교와 중학교에서도 네 번째 유형의 능력별 지도가 강하게 기능하는 상황이 되었다.

수준별 지도의 효과

'ability grouping'(4번째 능력별 교육)이라 불리는 '수준(능력)별 지도'는 교육적으로 유효한 것일까? 수준(능력)별 지도의 유효성에 대해서는 미국을 중심으로 1970년대에서 80년대에 걸쳐서 방대한 수의 조사와 연구가 실시되었다. 그 조사결과를 검증했을 때 수준

(능력)별 지도의 유효성은 의심스럽다. 수준(능력)별 지도의 유효성을 실증하는 조사연구는 일부 밖에 없고 대부분은 '수준(능력)별 지도'의 무효성과 위험성을 실증하는 결과를 나타낸다. 수준(능력)별 지도는 교육적으로는 부정적인 효과를 초래한다는 것이 이제까지의 조사연구의 총괄적인 결론이다. 먼저 미국에서의 '수준(능력)별 지도'의 조사연구를 개괄하고 그 유효성에 대해 검토해 보자.

수준(능력)별 지도를 연구한 캘리포니아 대학의 지니 오크스(Jeannie Oakes)는 수준(능력)별 지도에 대한 기대를 개괄하며, 그 교육 효과를 검증하고 있다. 오크스의 『트랙을 지킨다-학교는 불평등을 어떻게 구조화하고 있는가(Keeping Tracks: How Schools Structure Inequality)』(Yale University Press, 1985)와 그 후의 그녀의 논고를 중심으로 소개하며 '수준(능력)별 지도'의 조사연구의 개요를 검토해 보자. 오크스의 일련의 연구는 '수준(능력)별 지도'의 효과를 실증적으로 조사한 신뢰할 만한 연구이며, 그녀의 저서는 '교사의 필독서'로서 높이 평가되고 있다.

1. 수준(능력)별 지도는 학생의 학력향상에 유효한가

오크스는 초등학교에서 '수준(능력)별 지도'의 그룹(반) 편성에 의해 학력이 향상한 사례는 존재하지 않는다고 말한다. 단, 일부 연구에 한정되지만 복식 학급이나 무학년제 학급에서 유연성 있는 '진도별 지도'에 의해 평균점이 상승한 사례는 있다고 지적한다.

중학교에서도 '상위', '중위', '하위'의 어떤 그룹에서도 혼합된 반 편성보다 학력이 향상된 조사결과는 없다고 한다.

단, 오크스의 결론에 다른 의견을 제출하는 연구자도 있다. 그 대부분은 중학교의 '상위' 그룹의 효과를 주장하는 조사결과이며 '중위' 그룹이나 '하위' 그룹의 학력향상 효과를 주장하는 예는 드물다. 더욱이 '상위' 그룹에서의 유효성을 주장하는 조사결과의 대부분은 '영재교육' 프로그램의 평가이며 영재교육 추진자에 의한 조사연구 결과이다.

오크스의 결론과 그에 대해 다른 의견을 제기하는 사람들의 결론은 대립하는 것처럼 보이지만 모순되지는 않는다. 오크스는 '상위' 그룹에서의 효과를 나타내는 조사연구가 존재한다는 것을 부정하지 않기 때문이다. 단, 오크스는 '상위' 그룹에서의 효과는 능력이 비슷한 학생을 모았기 때문이 아니라 면학의 동기가 높고 숙제의 양이 많은 등 복합적인 원인에 의한 것이라 말한다.

이들 결론을 종합해 보면 수준(능력)별 반 편성에 의한 교육은 일반 대중의 예상과 달리 학생의 학력향상에는 유익하지 않다는 것을 알 수 있다. 특히 '하위' 그룹의 학생들에게 '수준(능력)별 지도'는 위험하기까지 하다.

2. 친구 관계와 학습태도에 효과가 있는가

오크스는 '상위', '중위', '하위' 그룹 내의 인간관계와 학습태도에 대해서도 조사했다. 수준(능력)별 지도는 친구관계와 학습태도에 영향을 미치는데, 중학생의 경우 '상위' 그룹은 학업에 열중하지만 '하위' 그룹에서는 학생들이 고립되어 소외되는 경향이 있다고 한다. '상위' 그룹의 학생은 학력뿐만 아니라 모든 것에 대해 자신감을 가지고 있다고 한다. 그러나 그것이 수준(능력)별 지도의 효과인지는 불명확하다고 지적한다.

또한 수준(능력)별 지도를 통해 하위 그룹 학생들이 적극적으로 학습에 참가하는 효과를 기대하는 교사가 많은데, 오크스는 하위 학생이 여러 수준의 학생이 함께 있는 반에 비해서 수준(능력)별 반에 있을 때 적극적으로 학습에 참가한다는 결과는 찾아볼 수 없다고 말한다. 하위에 수준을 맞춘 내용이므로 혹은 주변 학생들도 모두 하위 학생이라는 이유로 안심하고 배움에 적극적으로 참가할 것이라는 것은 교사의 편견인 모양이다.

3. 학력 격차는 줄어드는가

수준(능력)별 지도에 의해 학생 간의 학력 격차를 줄일 수 있을까? 오크스는 모든 조사결과가 '수준(능력)별 지도'에 의해 학력 격차는 더욱 확대되는 결과를 나타낸다고 말한다. 이것은 상식적으로 생각해도 당연하다.

오크스의 연구에서 중요한 점은 수준(능력)별 지도에 의한 학력 격차의 확대가 능력의 차이가 아니라 상·중·하 각 그룹의 교내용과 배움의 질적 차이 때문에 생긴다는 것을 밝히고 있다는 점이다. 오크스에 따르면 상위 그룹의 수업에서는 '과학적인 추론과 논리', '연구하는 방법', '비판적 사고', '분석과 해석과 평가', '창조적 사고', '자신의 사고에 대한 확신', '다양한 의견의 교류', '문제 해결적 사고', '자료나 경험의 활용' 등 교육내용의 이해를 심화시키는 풍성한 배움을 경험하는 것에 비해 하위 그룹의 수업에서는 '학습의 규율', '자존감', '기초 기능 훈련', '학습 습관의 형성' 등 학생의 태도나 습관의 형성에 중점이 있어 교육내용으로써는 낮은 수준의 기초 기능의 습숙에 한정되어 있다고 오크스는 보고하고 있다. 상위 그룹의 배움의 경험과 하위 그룹의 배움의 경험은 내용의 수준뿐만 아니라 성격에 있어서도 결정적인 차이가 난다는 것이다.

또한 오크스는 상위 그룹과 하위 그룹 수업에서의 '학습 기회'나 '학습 환경'도 비교하여 '학생의 물음에 대한 응답의 시간', '학습활동의 시간', '숙제 시간' 등의 모든 항목에 있어서 상위 그룹이 더 우수한 교육을 실시하고 있다고 지적한다.

4. 학교 전체의 학력향상에 유효한 방법인가

오크스의 면밀한 조사연구는 수준(능력)별 지도가 상위 그룹의 일부 학생에게만 유효하게 기능한다는 것을 나타낸다. 상위의 많은 학생과 중위의 학생에게 무익하며 하위 학생에게는 유해한 수준(능력)별 지도가 학교 전체의 학력향상에 무익하다는 것은 이제 이론의 여지가 없을 것이다. 수준(능력)별 지도는 중위와 하위 그룹을 배움이 낮은 차원에 머물게 하여 학생 간의 학력 격차를 확대시키고 학교 전체의 학력을 억제시킨다는 것이 오크스를 위시한 일련의 조사연구의 결론이다.

차별 교육으로서의 수준(능력)별 지도

오크스의 조사연구는 또 하나의 중대한 사실을 지적한다. 수준(능력)별 지도가 인종차별의 수단으로 활용되어 인종차별을 조장하는 기능을 수행한다는 점이다. 수준(능력)별 지도는 인종이 혼재한 학교에서 빈번히 도입되고 그들 학교에서 상위 그룹에는 백인 중산계급, 중위 그룹에는 백인 노동자계급 그리고 하위 그룹에 흑인이나 히스패닉이 집중되는 경향이 현저히 나타난다. 이 사실은 수준(능력)별 지도가 차별의 수단으로 활용되어 차별을 촉진하는 기능을 다하고 있다는 것을 나타낸다. '저 아이들과는 함께 배우고 싶지 않다'는 배제와 차별의 사상이 수준(능력)별 지도의 근간에 있다는 점은 명료하다.

수준(능력)별 지도를 포함한 능력별 교육이 배제와 차별의 기능을 수행한다는 것은 유럽과 미국에서는 상식이 되었다. 그래서

1960년대부터 1970년대에 걸쳐 영국을 비롯한 유럽과 미국에서 능력별 교육 폐지를 중심으로 한 교육개혁을 추진한 것이다.

능력별 교육과 스트리밍을 폐지하고 종합제 중등학교로 일원화되기 전의 영국에서는 중학교는 11살 아동 선발 시험(eleven plus test)에 의해 문법학교, 기술학교, 모던스쿨 등 3가지로 나뉘어 있었고 초등학교에서는 '능력별 지도'의 스트리밍이 도입되어 있었다. 영국뿐만이 아니었다. 대부분의 유럽 국가가 같은 시스템을 도입하고 있었다. 이 능력별 교육에 의한 삼분기 시스템은 상류와 중류 계급에 의한 엘리트 교육의 독점과 계급 차별의 고정화에 의한 것이었다. 30년 이상 전개되고 있는 유럽 각국의 삼분기 시스템을 폐지하고 중등교육을 종합하는 개혁의 경험은 수준별 교육의 본질이 인종과 계급과 계층의 차별을 조직화하는 정치적인 문제임을 나타낸다.

왜 보급되는가

오크스의 조사연구 이후에도 수준(능력)별 지도에 관하여 방대한 수의 조사연구가 실시되었다. 그러나 과거 10년간의 연구를 망라하여 비판한 2000년 판 『교육심리학 핸드북(Handbook of Research on Educational Psychology)』은 수준(능력)별 지도의 유효성의 실증은 모두 실패했다고 개괄하고 있다. 수준(능력)별 지도의 무효성과 위험성을 지적한 오크스의 조사연구의 결론을 뒤집는 조사연구는 아직 없다. 일부 연구는 오크스의 연구에 대항하여 '영재교육' 프로그램의 유효성을 실증하고 있지만, 비록 상위 그룹의 성적 우수자 일부에서 몇 프로그램에 유효성이 있었다고 해도 그를 위해 대다수의 학생이 희생되는 것은 바람직한 것은 결코 아니다.

이렇듯 '수준(능력)별 지도'의 무효성과 위험성이 명백한데도 불구하고 왜 수준(능력)별 지도는 확산되고 있는 것일까? 미국에서도 '수준(능력)별 지도'가 격감하고 있다고는 하지만, 초등학교 읽기 시간의 소그룹 지도나 고등학교에서의 수학 등 선택과목에서 '수준(능력)별 지도'는 현재도 뿌리깊이 남아 있다. 그리고 일본을 포함한 아시아 나라들에서는 최근 수준(능력)별 지도가 급격히 보급되고 있다는 시대착오적인 현상이 일어나고 있다. 그 배경에 인종차별, 계급과 계층의 차별이라는 정치적 문제가 잠재되어 있다는 것은 이미 지적했다. 그러나 수준(능력)별 지도가 확산하는 요인을 정치적 문제로 해소할 수는 없다. 도대체 왜 수준(능력)별 지도는 쉽게 학교에 뿌리내리고 마는 것일까?

그 요인 중 하나는 학생이나 학부모 그리고 교사의 대부분이 안고 있는 소박한 관념에 있다고 생각한다. 그 소박한 관념이란 것은 습숙도나 능력이 다른 그룹에서 수업을 받는 것보다 잘하는 아이는 잘하는 아이끼리, 못하는 아이는 못하는 아이끼리 수업을 받는 편이 교육 효과가 있을 것이라는 사고방식이며, 잘하는 아이는 수준 높은 내용을 가르치고 못하는 아이는 낮은 내용으로 가르치는 것이 교육적으로 효과가 있다는 사고방식이다.

이러한 소박한 관념이 얼마나 많은 오류를 포함하고 있는지는 오크스의 연구를 비롯하여 이제까지 방대한 조사연구의 결과가 잘 보여주고 있다. 그러나 그럼에도 불구하고 이런 관념은 간단히 흔들리지는 않을 것이다. 이 소박한 관념은 이미 알고 있는 내용을 따분하게 듣고 있는 '잘하는 아이'의 체험과 어려운 내용을 들어도 이해 못하는 '못 하는 아이'의 체험이라는 개개인의 피교육체험에 기초해서 실감으로 형성되어 왔기 때문이다.

이 소박한 실감의 전제를 되물을 필요가 있다. 하나는 이 소박한 실감은 모두 획일적인 일제식 수업을 전제로 하고 있다는 점이다. 분명 획일적인 일제식 수업에서는 수준(능력)별 지도가 어느 정도 타당성이 있다고 생각한다. 그러나 교사가 교탁에 서서 칠판과 교과서를 가지고 설명하고 학생이 공책에 필기하고 시험에 대비하는 전통적인 수업 스타일은 지금은 유럽과 미국에서는 박물관에 들어가 있다. 현대의 교실은 테이블로 구성된 소그룹의 협동학습을 기본으로 하여 프로젝트 단원에 의한 집약적인 배움이 전개되고 있다. 더욱이 얼마나 많은 지식과 기능을 습득하느냐 하는 배움의 '양'보다도 얼마나 풍성하게 깊은 경험을 하는가 하는 배움의 '질'이 가치를 가지도록 변화하였다. 오늘날의 수준(능력)별 지도가 옳은지 그른지를 판단하기 위해서는 21세기형의 배움에 입각하여 그 공죄가 검토되어야 할 것이다.

다음으로 위와 같은 소박한 관념에서의 배움은 계산 기능이나 한자의 습득 등 낮은 수준의 배움이 전제되어 있다. 분명 자동차학교와 같이 소정의 기능이 단계적으로 배열된 과정이라면 수준(능력)별 지도의 유효성은 명확하다. 그러나 학교 교육과정에서 계산 기능이나 한자 등의 기초 기능의 영역은 극히 일부에 지나지 않았다. 수준(능력)별 지도에 적절한 교육내용은 교육과정의 일부라 해야 할 것이다.

또한 어떤 학급에도 몇몇 우수한 학생이 존재하고 어떤 학습에도 몇몇 학습을 어려워하는 학생이 존재한다. 이러한 상위와 하위 몇몇 학생의 존재, 특히 학습을 어려워하는 학생의 존재가 수준(능력)별 지도를 도입하는 주된 동기의 하나가 되고 있다. 이들 낯낯 학생을 방치하는 것은 문제이지만, 이들을 위해서 모든 학생에게 수준(능력)별 지도를 받게 하는 것은 너무나 거친 조치이다. 특별히 우수한 학생이나 특별히 어려움을 지닌 학생들에 대해서는 선택과목이나 서클활동이나 수업 외 지도로 대응해야 한다고 생각한다. 이제까지 일본의 학교 교육과정은 한 명 한 명의 필요에 응하여 수업 외의 영재교육이나 보습교육을 실시하는 유연성이 결여되어 있었다.

경쟁인가 협력인가

수준(능력)별 지도를 대체할 수 있는 배움의 양식은 일제식 수업에 의한 배움이 아니라 한 명 한 명의 다양성이 교류되는 '협동적인 배움(collaborative learning)'이다. 수준(능력)별 지도를 비판하는 연구는 모두 '협동적인 배움' 혹은 '협력적인 배움(cooperative learning)'을 제창하고 있다. '협동적인 배움' 혹은 '협력적인 배움'은 개인주의 경쟁을 배제하고 능력이나 개성이 다양한 학생들이 공존, 공생하여 서로의 차이를 교류하고 서로 배우는 '호혜적인 배움(reciprocal learning)'을 준비한다.

'경쟁이냐 협력이냐' 하는 물음은 오랜 기간 교육에서 논쟁거리가 되어왔다. 대부분의 사람은 '경쟁'에 의한 동기부여를 없애 버리면 배움의 의욕이 저하되어 배움의 생산성이 저해된다고 생각한다. 일반인뿐 아니라 교사들 또는 교육학자나 교육심리학자들도 '경쟁'은 배움의 동기를 유발하는 결정적인 역할을 한다고 생각해 왔다. '경쟁'을 배움의 추진력으로 보는 사고방식은 학교 교육의 곳곳에 침투해 있다. 입시 경쟁은 그 전형이지만, 학기별 중간고사와 기말고사를 통한 평가 또는 일상적인 수업에서 보이는 '발표 경쟁' 등도 경쟁 문화의 하나라 할 수 있다.

그러나 실증적인 조사연구는 모두 1981년에 공표된 사회심리학자 데이비드 존슨과 로저 존슨(David W. Johnson and Roger T.

Johnson)에 의한 '경쟁인가 협력인가'를 주제로 한 조사연구의 메타 분석(선행 조사연구의 재검토)이다. 두 사람은 1924년부터 1980년까지 '경쟁인가 협력인가'를 주제로 한 122개의 조사연구의 메타 분석을 실시했다. 그 결과 '협력적인 배움'이 '경쟁적인 배움'보다 높은 학력을 달성한다는 연구가 65건, 반대 결과를 나타내는 연구가 8건, 양쪽 모두 통계상의 유의한 차이를 보이지 않는다고 하는 연구가 36건이었다. '경쟁'에 비해 '협력'이 우위에 있는 것은 명확하다. 두 사람은 또한 '개인학습'과 '협력적인 배움'을 비교한 조사의 메타 분석도 실시했다. 그 결과 '협력적인 배움'이 '개인학습'보다 높은 학력을 실현한다는 연구가 108건, 그 반대가 6건, 양자 간에 차이가 없다고 하는 연구가 42건이었다. '협력적인 배움'의 우위성이 밝혀진 셈이다. 모든 실험에서 또 모든 연령 집단에서 '협력적인 배움'은 '개인학습'보다 더 높은 성취를 나타내고 있다.

'경쟁보다도 협력이 생산성을 높인다'는 결론은 사회심리학의 창시자 중 한 명이며 집단이 민주화하는 과정을 연구한 쿠르트 레빈(Kurt Lewin)이 통찰한 사항이기도 하며, 레빈의 제자 모튼 도이치(Morton Deutsch)가 1984년에 대학생을 대상으로 실시한 실험에 의해 증명된 사항이었다. 데이비드 존슨과 로저 존슨은 도이치의 영향을 받은 연구자들이었다.

도이치나 존슨 형제에게 '경쟁보다도 협력이 생산성을 높인다'는 조사결과는 아마도 예상한 대로였을 테지만 '경쟁'과 '협력'의 생산성에 대한 효과를 비교한 많은 연구자는 스스로의 조사나 실험 결과에 대해 놀랐다. 그만큼 미국의 개인주의 경쟁사회에서는 '경쟁'에 대한 신화가 사람들의 마음을 지배하고 있는 것이다.

그러나 연구자의 반응을 차치하더라도 경쟁과 협력의 효과를 비교한 실증적 연구는 대부분 경쟁에 대한 협력의 우위성을 증명한다. 존슨 형제는 개인 간의 경쟁을 협력과 비교했을 뿐 아니라 '협력적인 배움'을 추진하는 집단 간에 경쟁이 있는 경우와 없는 경우를 비교했다. 그 결과도 집단 간에 경쟁이 없는 '협력적인 배움' 쪽이 경쟁이 있는 '협력적인 배움'보다도 높은 성취도를 나타내고 있음을 실증하고 있다. 개인 간이든 집단 간이든 경쟁은 배움의 생산성과 성취도에 부정적인 영향밖에 가져다주지 않는다는 것이 실증된 것이다.

여기서 흥미로운 것은 '협력이 경쟁보다도 생산성이 높다'는 존슨 형제의 메타 분석 결과가 교실에서의 배움뿐만 아니라 기업이나 공장에서의 직업에도 적용된다는 것이다. 미국의 심리학회상을 수상한 알피 콘(Alfie Kohn)의 저서인 『경쟁에 반대한다(No Contest: The Case Against Competition)』(1986)는 존슨 형제의 연구가 가져다준 충격이 얼마나 큰지 그리고 그 충격을 계기로 추진된 교실 밖에서의 경쟁과 협력을 비교하는 연구가 어떻게 전개되었는지를 기록하고 있다.

콘에 의하면 교실 밖의 여러 장면에서도 경쟁보다도 협력의 유효성이 실증되었다고 한다. 일반적인 직장의 조사에서도, 심리학의 연구업적에서도, 항공기 조종사의 작업 수행에서도 경쟁보다 협력이 높은 생산성과 창조성을 가져다준다는 조사결과가 발표된 바 있다.

존슨 형제의 조사연구는 교실의 배움에 있어서 경쟁보다 협력의 효과가 절대적으로 크다는 것을 증명한 것에 그치지 않는다. '협력적인 배움'의 효과가 하위 학생이나 중위 학생뿐만 아니라 상위 학생에게도 나타나고 있음을 밝히고 있다. 이것도 일반 상식과는 크게 다른 것이다. 일반적으로는 다양한 능력의 학생들이 '협력적인 배움'을 하면 하위나 중위 학생들은 효과를 보는 데 반해, 상위 학생들은 하위나 중위 학생에게 서비스를 제공하지만 스스로에게는 별로 이득이 없다고 생각하기 때문이다. '협력적인 배움'의 효과는 상위자의 희생 위에서 발휘된다는 생각이 팽배하지만, 그 상식에는 오류가 있음을 존슨 형제의 연구는 지적한다.

개인차에의 대응-완전학습과 ATI

수준별 지도는 능력의 개인차에 대응해야 할 필요에서 생겨났다. 배움에서 개인의 능력 차에 대응하는 방법은 크게 나누어 두 가지가 있다. 한 가지는 개개인의 능력에 가장 적합한 교육을 실시하는 것이며, 다른 하나는 다양한 능력의 교류를 조직하여 협동적인 배움을 추진하는 것이다.

개인주의적인 해결책의 대표적인 방법에는 두 가지가 있다. 하나는 '완전학습(mastery learning)'이며, 또 하나는 '적성-처치 상호작용(aptitude and treatment interaction, ATI)'이다. '완전학습'은 시카고 대학의 벤자민 블룸(Benjamin S. Bloom)이 제기한 방법이며, '적성-처치 상호작용'은 일리노이 대학의 크론바흐(Abraham Cronbach)가 제안한 방법으로 두 가지 모두 1960년대에 개발되어 1970년대에 보급되었다.

블룸의 '완전학습'은 '교육목표 분류학'과 '형성적 평가'에 의해 성립된다. '교육목표 분류학'에 있어서 블룸은 학교 교육과정을 '인지 영역', '정의 영역', '운동생리 영역'으로 나누어 각 영역의 각 학년 교과내용을 달성목표로 분류한다. 다시 개별 달성목표의 학습과정을 각 개인의 차이에 대응시켜 조직함으로써 한 명 한 명의 학습의 형성과정을 평가한다. 블룸은 이를 통해 거의 모든 학생이 모든 교육내용을 완전히 습득할 수 있다고 제창했다. 약 30년에 걸쳐 형성된 블룸의 '형성제기평가'(形成提起評価, 달성도 평가)'와 '완전학습'의 이론과 방법은 1970년대 이후 일본에도 널리 확산되었다.

수준별 지도는 블룸의 이론이나 방법에 의한 것이 아니지만, 개인차를 직선적으로 서열화한 습숙도나 능력의 단계로 상정하여 그 개인차에 대응시켜서 학습과정을 조직하고 있다는 점에서 '완전학습'과 같은 틀에 입각하고 있다고 할 수 있다.

그러나 긴 세월에 걸친 방대한 조사와 분석에 의해 정밀하게 구성된 블룸의 '완전학습'은 그의 생각만큼 성공을 거두지는 못했다. 수많은 학교나 교실에서 실천되고 많은 조사연구가 실시되었지만, 그 유효성이나 효과는 실증되지 않고 있다. 이제까지의 연구 결과를 통해 말할 수 있는 것은 '완전학습'은 반년이나 1년이라는 짧은 기간 안에 평가하면 유효한 사례도 있지만, 장기간에 걸쳐 평가하면 기대한 만큼의 효과가 나타나지 않는다. 교육내용을 세세하게 단계적으로 정리하여 개인의 달성도나 능력에 맞추어 배움을 조직하여 그 학습과정을 형성적으로 (과정에 입각하여) 평가하는 '완전학습'의 이론이나 방법의 어떤 부분에 문제가 있었던 것일까?

첫째로 교육내용을 요소적으로 세분화하여 단계적으로 다룬 점이다. 그러나 학교 교육과정의 내용(지식)이 '트리(tree)형(상위와 하위의 수형도조직樹形図組織)'이기보다는 '리좀(rhyzome)형(뿌리줄기의 망상조직網状組織)'으로 복잡하게 조직되어 있고 직선적인 계통으로 조직되어 있지 않다. 그래서 학교 교육과정은 하나의 계단을 올라가듯 조직된 '프로그램'이 아니라 몇 개의 산을 오르는 '프로젝트'로서 조직되어야 한다. 교과 각 단원의 지식이나 개념은 계단적이기보다는 각각이 상대적으로 독자적인 핵이 되는 지식이나 개념을 중심으로 서로 얽혀 있다. 어느 하나의 단원(산)에서 걸려 넘어졌다 해서 다음 단원(산)에서도 넘어질 것이라고 단정 지을 수는 없고, 또한 교과의 학력이나 달성도를 하나의 직선(계단)으로 서열화하는 것은 불가능하다.

두 번째는 '완전학습'이 달성도나 능력의 차를 '시간'의 차이로 바꾸었다는 점이다. 이것을 '캐롤의 법칙'이라고 하는데, 캐롤은 학생들의 능력 차에 대응하기 위해 달성도나 능력의 차이를 습득에 필요한 학습시간의 차이로 치환하는 것을 제창했다. 모르는 학생들은 시간을 들여서 공부하면 알게 된다는 것이다. 그 자체는 틀린 말이 아니다. 그러나 이 생각에 입각하여 개인차에 대응하면 모르는 학생은 아는 학생의 몇 배나 학습시간을 필요로 하게 된다. 학교에서는 아는 학생도 모르는 학생도 학습시간은 동일하므로 더욱 학력차가 확대되어 모르는 학생들은 더더욱 저학력으로 빠져들게 된다.

세 번째는 '완전학습'이 배움을 개인의 활동으로 인식하여 개성이나 능력이 다양한 학생들이 교류하고 서로 배우는 협동의 활동으로 인식하지 않았다는 것이다. 배움은 새로운 세계와의 만남이며 교사와 친구와의 대화를 통한 '발돋움과 점프'이다. 개개인의 '혼자서도 할 수 있는' 달성도나 능력에 맞추는 것이 유효한 교육이라고 할 수는 없다. 개인주의적인 배움에 의한 개인차에의 대응은 배움이 다른 이와의 대화에 의한 '발돋움과 점프'로서 전개될 가능성을 배제한다.

네 번째는 '완전학습'이 모든 학생이 100점을 받는 교육을 목적으로 한다는 점이다. 사실은 블룸이 '완전학습'을 제창하여 개인 차에의 대응을 강조한 것은 흑인 학생의 저학력 문제를 해결하고 싶어서였다. 그 의지는 아주 올바른 것이었다. 그러나 모든 학생이 100점을 받는 교육을 목적으로 하는 것은 잘못된 것이라 생각한다. 한 명 한 명의 다양한 개성이나 능력을 다양하게 발전시키는 것이 교육의 목적이 되어야 할 것이다. 그리고 어떤 교육을 하더라도 학력은 정규분포(normal curve)를 그린다고 생각한다. 추구해야 할 것은 학력의 정규분포를 없애는 것이 아니라 조금이라도 정규분포의 커브를 오른쪽 방향(고득점)으로 이동시키는 것이며, 동시에 조금이라도 정규분포의 폭을 축소시키는 것이라 생각한다.

블룸의 '완전학습'과 함께 개인차에의 대응으로서 주목을 받아온 것이 크론바흐의 '적성-처치 상호작용'의 이론이다. 크론바흐는 개인차에의 대응을 더욱 유연하고 복잡한 것으로 인식했다. 개인차 하나를 두고 보아도 능력, 자질이나 성격, 흥미나 관심, 경험이나 지식 교과의 호불호 등 다양한 요소가 있을 수 있다. 크론바흐는 개인차를 '적성(aptitude)'이라는 개념으로 부른다. 그 '적성'에 대응시키는 교육과정이나 교육방법도 유연하게 생각할 필요가 있다. 어떤 '적성'이 뛰어난 학생에게 유효한 교육과정이나 교육방법이 그 '적성'이 부족한 학생에게도 꼭 유효하다고는 할 수 없다.

크론바흐는 교육과정이나 교육방법을 '처치(treatment)'라 부른다. 그는 어떠한 개인차에의 대응도 학생의 적성과 처치의 관계를

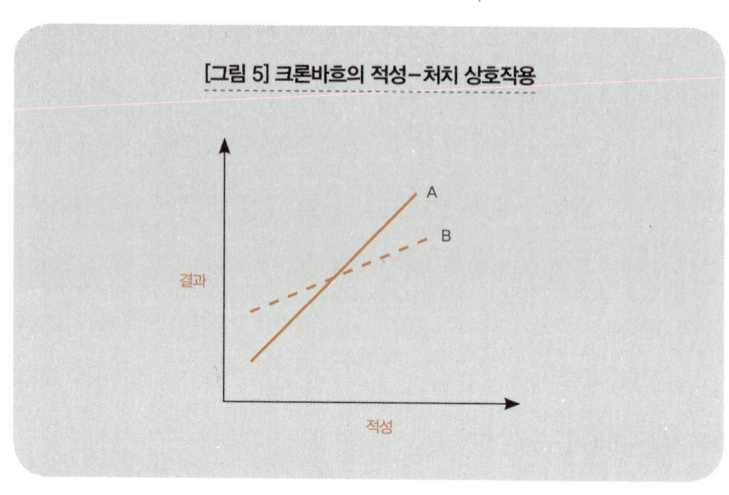

[그림 5] 크론바흐의 적성-처치 상호작용

통해 인식하여 적성과 처치의 관계가 가장 유효하게 작용하는 '최적화(optimization)'를 추구하는 것이 중요하다고 말한다. 위의 [그림 5]를 보자. 가로축이 적성이고, 세로축이 결과를 나타낸다. 이 그림에서 '처치 A'와 '처치 B'는 교차하고 있다. 이 적성이 우수한 학생에게는 '처치 A'가 '처치 B'보다 유효하지만, 그 '적성'이 떨어지는 학생에게는 '처치 B'가 더 유효하다.

'적성-처치 상호작용'이라는 사고방식은 학생들의 개인차의 복잡함이나 개인차에의 대응의 어려움을 매일 실감하는 교사들에게는 설득력이 있다. 개인차에 대응하는 교육이란 습숙도나 능력의 단계에 대응한 교육에 한정된 것이 아니라 학생의 다양한 '적성'과 '교사의 다양한 '처치'의 관계를 '최적화'한 교육을 의미한다.

그러나 '적성-처치 상호작용'으로 개인차에 대응하는 교육과정이나 수업 실천을 디자인하고 개발하는 것은 쉽지 않다. 적성의 요소는 다양하며, 처치의 요소도 다양하다. 적성과 처치의 어떤 조합이 최적화를 실현할 수 있을지 정하는 것은 쉬운 일이 아니다. 그러나 '적성-처치 상호작용'의 사고방식은 습숙도나 지능의 일반적 능력을 개인차로 상정하고 특정 교육내용을 단계적으로 적용하는 것으로 적성과 처치의 관계를 지나치게 단순화한 결과라는 것을 깨닫게 해준다.

개인주의의 극복

결국 '수준(능력)별 지도'가 실패한 이유는 ① 교육내용을 쉬운 것에서 어려운 것으로 계단적으로 배열하여 ② 학생을 '수준(능력)'으로 낮은 사람부터 높은 사람으로 직선적으로 배열하여 이 두 가지를 그룹에 의해 연결시키기 때문이었다. 이 방식으로는 수업의 스타일도 배움의 스타일도 변화하지 않는다. 그러나 다양한 능력이나 개성에 대응하는 교육은 먼저 수업과 배움의 스타일을 바꾸는 것을 과제로 삼아야 하지 않을까?

유럽과 미국에서는 능력별 교육이나 스트리밍에 의한 수준(능력)별 지도는 모습을 감추고 있다. 그 대신에 '협동학습(collaborative learning)'(혹은 '협력학습cooperative learning')이 확산되어 놀라운 성과를 거두고 있다. 유럽과 미국의 학교에서는 이제 책상 하나하나를 칠판과 교탁을 향해 나란히 배치한 교실은 거의 사라졌다고 해도 될 것이다. 배움의 협동과 협력을 촉진하기 위해서 교실은 몇 개의 테이블로 구성되어 4~5명이 함께 배우는 교실로 변모하고 있다. 실제로 '협력학습'을 제창하고 그 효과를 조사해 온 존스홉킨스 대학의 로버트 슬래빈은 학생의 능력이나 달성도의 다양성에 대응하여 학력을 향상시키는 방법으로 '협력학습 이상으로 효과적인 방법은 없다'고 단언한다. 단, 슬래빈은 어떤 교사라도 실천할 수 있도록 '협력학습'을 세세하게 메뉴얼화하는 경향이 있다.

협동학습은 원래 금세기 초엽의 신교육운동에서 성립되어 보급된 배움의 스타일이다. 협동학습의 가장 오래된 사진은 1896년에 존 듀이가 시카고 대학에 창설한 실험학교의 배움의 모습을 기록한 것이다. 당시 미국의 일반 학교의 책상과 의자는 볼트로 고정되어 있었고, 교사는 교과서와 칠판, 분필, 회초리를 들고 교단에 서고, 학생들은 3명이 앉을 수 있는 긴 의자에 따로따로 떨어져 앉아서 배웠다. 듀이를 비롯한 신교육 개혁자들은 책상과 의자의 볼트를 떼어내고 학생들이 협력하고 협동하며 서로 배우는 교실로 개혁을 추진했다. 그 후 협동학습은 신교육의 침투와 병행하여 완만하게 확산되었는데, 근래 20년간 선진국 대부분의 교실에 퍼지게 되었다.

도대체 왜 '협동학습'이 선진국에서 이렇게 확산된 것일까? 그 이유는 몇 가지로 나누어 생각할 수 있다. 그중 가장 큰 이유는 앞에서도 말했듯이 산업주의 시대에서 포스트 산업주의 시대로 이행하면서 학교에 요구되는 학력이 변화했기 때문이다.

산업주의 사회의 노동시장은 일부 엘리트와 대다수의 단순 노동자로 피라미드 구조를 형성했다. 거기서 요청되는 것은 '효율성'과 '효율성'을 둘러싼 경쟁이다. 그러나 포스트 산업주의 사회는 지식이 고도화, 복합화, 유동화되었다. 단순노동은 격감하고 노동시장은 상부가 비대한 역피라미드형으로 이행한다. 학교 교육에 요청되는 것은 '고도의 복합적인 지식', '창조적 사고나 문제 해결 능력이나 커뮤니케이션 능력', '다양한 사람들과 공생하는 개성'과 '평생을 걸쳐 배우는 능력'이다. 지식과 배움의 '양'에서 '질'로의 전환이 일어나고 있는 것이다.

OECD의 PISA 조사의 결과에서 1위 핀란드와 2위 캐나다와 4위 오스트리아에 공통적인 특징이 있다. 이들 국가는 인구밀도가 낮아서 복식 학급으로 운영되는 교실이 많은 것이 특징이다. 미국 캘리포니아 주의 능력별 지도의 유효성을 조사한 오크스의 연구에서도 복식 학급이나 무학년제를 채용한 교실이 효과적이라는 역설적인 결과가 보고되었다. 이러한 현상은 다양한 능력이나 수준의 학생들이 함께 배우는 협동학습의 유효성을 실증한다. 복식 학급에서 학생들은 원래 배워야 할 내용의 반을 두 번 배운다. 즉, 복식 학급은 배움의 '양'이나 '효율성'에서는 떨어지지만 배움의 '질'이나 '발전성'에 있어서는 뛰어나다. 더욱이 복식 학급에서는 당연한 결과로 능력과 습숙도에 큰 차이가 생긴다. 이 차이가 협동학습이라는 스타일을 매개로 한 명 한 명의 배움을 자극하여 풍성히 하는 것이다.

일제식 수업이나 개인학습의 경우에는 교실에서의 능력이나 습숙도의 차이가 오히려 한 명 한 명의 배움에 장애물이 된다. 그러나 협동학습에서 능력이나 습숙도의 차이는 배움의 계기와 발전의 기초가 된다. 수준(능력)별 지도의 실패의 요인은 효율성과 경쟁에 속박된 배움을 개인주의의 틀에 가두어 협동과 협력에 의한 배움의 계기와 발전의 가능성을 상실한 데에 있다.

수업개혁에 의한
협동적인 배움으로

개혁이 가져다주는 위기

　문부과학성이 '교육내용의 30% 삭감'을 단행하자 '학력저하'를 우려하는 비판이 일고, 그에 따라 문부과학성이 '확실한 학력'을 제창하는 일련의 논의와 개혁의 전개는 무엇을 가져다주었을까? 오늘날 교육개혁의 특징 중 하나는 위기로 인해 개혁이 일어나는 것이 아니라 개혁이 위기를 초래하는 데 있다. 그 전형을 '학력저하' 문제에 찾아볼 수 있다.

　일련의 경과를 통하여 먼저 일어난 현상은 학원의 번영이다. 1996년 거품경제기와 비교했을 때 30%나 축소되었던 수험산업은

'학력저하' 문제 덕분에 부활했다. 실제로 대중매체와 더불어 '학력저하'를 선전하는 최대 세력은 사교육 시장이었다. 그 결과 도쿄도에서는 거품경제 붕괴 이후에 냉각되어 있던 사립중학교 수험이 되살아나 2002년에는 절정기인 1992년의 12%를 상회하는 13%를 기록했다.

그다음에 일어난 일은 가정의 교육비 지출의 증대와 그 격차의 확대이다. 2002년 후생노동성의 통계에 의하면 연 수입 300만 엔 이하 세대의 교육비 지출은 평균 158만 엔(연 수입의 54%)인 것에 비해 연 수입 1,000만 엔 이상 세대의 교육비 지출은 평균 243만 엔(연 수입의 22%)이었다. 즉, 연 수입이 400만 엔 이하인 가정에서는 연 수입 50% 이상이 교육비로 지출되고 연 수입이 1,000만 엔 이상인 가정에서는 20%밖에 지출되지 않는데도 불구하고 학생 한 명당 교육비는 1.7%의 격차가 생겨나고 있다.

그리고 학교에서 일어난 일은 '100칸 계산'*을 비롯한 기계적인 반복학습의 보급이며 '소인수 지도'와 '수준별 지도'의 도입이었다.

단순 반복학습의 확산은 '학력저하'를 해결할 수 있을까? 나는

---

* 백칸 계산(百ます計算): 가로 10×세로 10의 칸의 왼쪽과 위쪽에 각각 0부터 9의 숫자를 무작위로 배열하고 교차하는 지점에 대해 지정된 계산방법(더하기, 빼기, 곱하기, 나누기 등)으로 답을 쓰는 계산 훈련이다. 주로 집중력, 계산력을 높이기 위해 사용되고 단순한 계산을 많이 함으로써 학생들이 성취감을 느낌으로써 공부하는 습관을 들이는 것을 목적으로 한다._옮긴이

해결할 수 없다고 본다. 왜냐하면 IEA 조사나 PISA 조사, 문부과학성의 조사에서 밝혀진 것처럼 일본 학생들의 학력에서 부족한 것은 '계산'이나 '한자를 읽고 쓰는 것'과 같은 '기초기능' 영역이 아니라 '추론적 능력'이나 '과학적 사고', '창조적 사고력', '표현력' 등의 고차원적인 지적 영역이기 때문이다. 복고적인 반복학습 영역은 지금은 학교 교육과정의 일부에 지나지 않는다. 그럼에도 불구하고 반복학습이 확산되는 것은 교사들이 여론이나 부모의 불안에 의해 압박을 받기 때문이다. "학력을 높이기 위해 노력하고 있습니다"라는 교사의 말이 실제임을 입증하기 위해 많은 학생이 무의미한 작업과 경쟁에 희생되고 있다.

'소인수 지도'의 유효성도 의심스럽다. 도도부현의 교육위원회에 따라 대응 방법은 다르지만, 많은 경우 '소인수 지도'는 '수준별 지도'의 형태로 도입되고 있다. 그 위험성에 대해서는 이미 언급한 바와 같다. 또한 '소인수 지도'에 필요한 교사는 임시 채용 혹은 기간제 채용에 의해 충족되고 있다. 더욱이 '소인수 지도'의 추가 배당 교사의 대부분은 전임 교사와 그 인건비에 의해 충족되고 있다. 이러한 조치에 의해서 지금 전국 학교에 임시 채용과 기간제 채용 강사가 넘쳐나고 있다. 지금까지의 학교는 출산휴가, 육아휴가, 병가 중인 교사를 대체하는 임시 채용 강사 이외는 모두 전임 교사였다. 그러나 '소인수 지도'가 도입되고 나서부터는 다수의 임시 채용과 기간제 강사의 추가 배당이 필요하게 되어 지방 교육위원회는 교원 자격이 있는 주부나 취직을 준비하는 대학 졸업자들에게 의뢰하여 학교에 의해서는 3분의 1 가까이가 임시 채용이나 기간제 교사라는 현실을 초래했다. 그 결과 '소인수 지도'를 도입하기는 했지만, 학교는 임시 강사로 넘쳐나 결과적으로는 전임 교사의 업무가 더 바빠지고 있는 실태이다.

반복학습의 확산도, '소인수 지도'와 '수준별 지도'의 도입도 원래 '학력저하'의 위기에 대한 대응으로 추진한 개혁이 '학력저하'의 위기를 확대하고 증폭시키는 결과를 가져다주었다. 웃으려야 웃을 수 없는 (울래야 울 수 없는) 사태가 일어나고 있는 것이다.

학원화되는 학교

'학력저하'에의 대응으로서 학교에서 일어나고 있는 일은 말하자면 '학교의 학원화'라는 현상이 아닐까? '100칸 계산'(30년 전부터 있던 방식)에 대표되는 반복학습의 확산도 그렇고, '소인수 지도'를 위해 파트타임 강사를 늘리는 방식도 '학교의 학원화'이다. '수준별 지도'의 도입은 '학교의 학원화'의 가장 대표적인 예라고 할 수 있다.

학원이 '수준별 지도'를 도입하는 것은 타당하다. 진학을 위한 것이든 보습을 위한 것이든 학원은 사적인 영리단체이다. 학생이나 부모의 요구에 답하는 서비스를 제공하는 것이 학원의 목적이다. 그리고 학원이 살아남기 위해서는 동종 업계와 경쟁하여 서비스를 향상시켜야 한다. 학원이 '수준별 지도'를 도입하는 것은 학부모와 학생과 학원 자신의 요청에 답하기 위한 것이다. '학교보다 더 앞선 내용으로 엘리트 학교에 들어가고 싶은 요청', '학교보다 늦은 내용으로 학업 보습을 하고 싶은 요청' 그리고 '진학 실천을 어필하여 학원의 영업실적을 올릴 필요' 이렇게 3가지이다.

그러나 학교는 서비스 기관도 아니고 영리단체도 아니다. 학원과는 다른 책임과 사명에 의해 성립되었다. 학교는 학생 한 명 한 명의 배움의 권리를 보장하여 한 명 한 명의 배움의 가능성을 열고 소정의 조건 하에서 더욱 높은 수준의 배움을 실현해야 하는 책임이 있다. 또한 학교는 경쟁과 차별을 극복하여 평등하고 민주주의적인 사회를 실현해야 하는 공공적 사명을 지니고 있다. '서비스'와 '영리'가 아니라 '책임'과 '사명'에 기반을 두고 있는 것이다.

'수준별 지도'는 '학교의 학원화'에 박차를 가하는 것이다. 예를 들어, '수준별 지도'에 대한 질문지 조사를 실시하면 많은 경우 학생들은 '만족한다'고 답한다. '하위' 그룹에 속하는 학생들도 '만족한다'고 대답한다. 평상시의 교실에서는 '잘 이해가 안 간다', '따라가지 못 하겠다'고 힘들어했는데 '수준별 지도'에 의해 '이해하게' 되고 '재미있어'졌다는 것이다. 그러나 이러한 '만족' 때문에 '수준별 지도'가 효과가 있다고 말할 수 있을까? 고객에 대한 서비스를 상품으로 하는 학원이라면 그렇게 말할 수 있다. 그러나 공적인 책임과 사명을 기반으로 하는 학교에서도 그렇게 말할 수 있을까?

'하위' 그룹 학생들의 '만족'은 교육내용의 수준을 낮춘 것에 의한 '만족'이며 경제적 사정으로 학원에 가지 못하는 학생들의 요구에 대응한 것에 의한 '만족'이다. 실제로 산수(수학)나 영어의 '수준별 지도'에서 교실을 이동할 때 학생들은 '학원'에 가는 듯한 착각에 빠진다고 한다. '학교의 학원화'를 이토록 단적으로 표현하고 있는 말은 없을 것이다. '하위' 그룹 학생들은 '수준별 지도'로 열등감과 교육내용의 저하 대신에 '이해가 가는 즐거움'이라는 '만족'을 얻고 그 결과 더더욱 낮은 학력으로 빠져들고 만다.

'상위' 그룹 학생들에게도 '학교의 학원화'는 침투되어 있다. 학교는 다양한 친구와의 협동과 연대를 이루는 장소가 아니라 우월감과 고득점을 가지고 서로 경쟁하는 장소가 된다. 질문지 조사에 대해 '상위' 학생들도 '만족'한다고 할 것이다. 이제까지 다 아는 내용을 수업에서도 들으니 따분했던 학생에게 평상시보다 높은 수준의 내용과 효율적인 진도는 긴장감과 달성감을 준다. 그러나 그 대가는 선택된 자의 우월감이나 끊임없는 경쟁이며, 이는 학력이 낮은 그룹과 마찬가지로 심각한 사태이다. 이러한 그룹에 있어서 학교는 '학원화'되는 것에 그치지 않고 학원을 지원하는 역할로 전락할 수밖에 없다.

'중간' 그룹에 있어서도 '학교의 학원화'는 심각하다. '수준별 지도'를 도입한 교사에게 물어보면 의외로 '중간' 그룹의 수업을 하기가 어렵다고 한다. '하위' 그룹에서는 '이해하는 기쁨'이 생기고 '상위' 그룹에서는 난해한 문제에의 도전과 경쟁이 일어나지만, '중간' 그룹의 수업은 담담하게 진행될 뿐 심화되지 않는다는 것이다. '중간' 그룹에서는 '정답이냐, 오답이냐' '할 수 있는가, 못 하는가'가 관심사가 되어 의미를 고찰하여 다양한 사고방식을 서로 내어 탐구하는 일이 일어나기 어렵다. 여기에도 '학교의 학원화'가 일어나고 있다.

어떻게 수준별 지도에 대처하는가

여기서 '수준(능력)별 지도'에 관한 결론을 총괄하여 두고자 한다. '수준(능력)별 지도'는 ① 초등학교에서는 '상위', '중위', '하위'의 모든 그룹에 효과가 없고 ② 중학교에서는 '상위' 그룹에서 적절한 교육이 실시될 경우에 한하여 유효성을 주장하는 조사연구도 존재하지만 ③ 모든 경우에서 학력격차는 확대되고 ④ 학교 전체의 학력향상에는 연결되지 않고 ⑤ 계급이나 계층, 인종 간의 학력격차의 확대와 차별로 이어진다. 더불어 '수준별 지도'는 교육내용의 단계적 조직과 학습 집단의 균질화에 의해 배움의 경험을 협소하게 하고 경쟁과 실망을 촉진시켜 왜곡된 우월감과 열등감을 조장한다. 또한 '수준별 지도'는 교사의 일을 '책임'에서 '서비스'로 전환시켜 학생에 대한 교사의 관점이나 능력에 대한 시선이나 교육에 대한 사고방식에 도덕성의 저하를 일으키고 학교 교육에서 평등과 민주주의를 파괴하며 '학교의 학원화'를 촉진한다.

그럼에도 불구하고 '수준(능력)별 지도'의 유효성을 애써 찾으라 한다면, 상위 그룹 내에서도 상위인 학생들에게 '영재교육'이 효과가 있다는 점을 들 수 있다. 이때의 유효성은 많은 조사연구에 의해 실증되었다. 그러나 극히 일부 학생들의 '영재교육'을 위하여 다른 학생들이 희생되어도 좋은가? 그럴 수는 없다. 마찬가지로 하위 그룹 중에서도 하위인 학생들의 '보상교육'으로서의 유효성 또한 몇몇 조사에 의해 실증되었다. 그러나 극히 일부의 하위 학생들의 '보상교육'을 위하여 다른 학생이 희생되어서는 안 된다. 영재교육과 보상교육도 중요하지만, 그 대상자는 학급의 소수에 불과하고 평소 수업 외 시간에 보습이나 선택 수업이나 서클 활동의 형태로 기회를 보장해야 한다.

영재교육이나 보상교육 이외에도 '수준별 지도'가 유효한 경우도 있는 것은 사실이다. 교육실습생이나 신임 교사 중에서 배움을 조직하는 기량이 부족하여 교과서를 읽고 설명하고 전달하기만 하고 학생들에게는 암기만 하라고 하는 교사의 경우 '수준별 지도'는 유효할 것이다. 혹은 계산 기능의 습득과 같이 소정의 기능을 단계적으로 습득하는 수업에서는 '수준별 지도'가 유효한 경우가 있을 것이다. 즉, 수업의 경험과 기량이 부족한 교사가 낮은 수준의 내용을 형식적으로 가르칠 경우에 '수준별 지도'는 유효하다. 그러나 기량이 낮은 교사가 낮은 수준의 내용을 가르치는 데 적합한 '수준(능력)별 지도'를 일상화하는 어리석은 정책을 실시해서는 안 된다.

그러나 '수준별 지도'를 폐지하는 데는 현실적인 어려움이 있다. 문부과학성은 '소인수 지도'에 '수준별 지도'를 도입하느냐 마느냐는 각 학교에서 자율적으로 결정하도록 지도하고 있다. 하지만 앞서 말한 것과 같이 도도부현 교육위원회에서는 '소인수 지도'의 추가 배당 교사의 재원을 확보하기 위해서 '수준별 지도'의 도입과 '소인수 지도'를 세트로 도입하는 경우가 많다. 이런 사정으로 '수준별 지도'를 도입하지 않을 수 없는 경우에는 어떻게 하면 좋을까? 그런 경우에도 '수준별 지도'를 최소화하는 것은 가능하다. 어떤 장학사의 경우 하나하나의 단원 중에서 '수준별 지도'가 유효하다고 생각되는 일부분에 한정하여 도입하도록 교사들에게 권하고 있다. 제약 속에서 현명하게 대처하는 경우라 하겠다. 명목상이라고 해도 '수준별 지도'의 도입이 학교의 자율성에 맡겨져 있는 한 각 학교에서 '수준별 지도'를 거부하는 것은 불가능하지 않다. 그리고 지방 교육청의 정책 때문에 '수준별 지도'를 거부하거나 폐지하는 것이 어려운 학교에서도 그 활용을 최소한으로 줄이는 방법은 남아 있다.

발돋움과 점프

그러나 '수준별 지도'의 유효성이 낮다고 해서 종래의 일제식 수업과 개인 학습에 머물러 있다면 아무런 의미가 없다. '수준별 지도'의 대안이 될 수 있는 것은 '협동학습'이다. '협동학습'을 중심으로 하는 수업개혁을 실시하여 배움의 스타일을 변화시키는 것이 필요하다.

이제까지 일본의 수업은 교과서 내용 수준을 기준으로 하여 교사가 내용을 설명하고 발문하여 손을 든 학생들을 지명하여 발표시키고 그 발표를 칠판에 정리하는 형식으로 전개되었다. 이러한 전형적인 수업에서 배움이 일어나고 있을까? 배움이란 새로운 세계와의 만남이자 대화이며 교사나 친구와의 대화와 자기 자신과의 대화를 통해서 '발돋움과 점프'에 도전하는 행위이다. 위에서 말한 전형적인 수업에서는 '발돋움과 점프'로서의 배움은 거의 일어나지 않는다고 본다.

일반적으로 교실은 교과서의 내용이나 교사의 설명을 '대부분 이해하는 학생'과 '반쯤 이해하는 학생', '거의 이해하지 못하는 학생' 이렇게 세 그룹으로 구성된다. 앞서 말한 전형적인 수업에서 손을 들고 발표하는 학생 대부분은 '대부분 이해하고 있는 학생'이며 거기에 '발돋움과 점프'의 배움은 성립하지 않는다. 아무 말도 하지 않고 듣는 '거의 이해하지 못하는 학생'에게도 '발돋움과 점프'의 배움은 성립되지 않는다. '발돋움과 점프'의 배움이 이루어진 것은 '반쯤 이해하는 학생' 중 일부에 지나지 않는다.

모든 학생이 '발돋움과 점프'의 배움을 실현하기 위해서는 어떻게 해야 할까? 이를 위해서는 교과서보다 조금 높은 수준의 내용을 설정하고 모르는 학생들의 의문이나 머뭇거림을 적극적으로 수업에 반영할 필요가 있다. 교과서보다 조금 더 높은 수준과 잘 모르는 학생들의 의문이나 머뭇거림의 수준 사이에는 큰 괴리가 있다. 이러한 큰 괴리를 교사와 학생들이 함께 메워가는 것이 수업이며, 그러한 실천에 의해서 모든 학생에게 '발돋움과 점프'가 보장되는 수업이 실현된다. '협동학습'의 실현이야말로 열쇠가 되는 것이다.

'협동학습'의 유효성을 1930년대 활약한 구소련의 천재적인 심리학자 레프 비고츠키의 '내화' 이론과 '근접발달영역'(zone of proximal development)의 사고에 의해 해석할 수 있다([그림 6]).

비고츠키는 학생들의 정신발달을 타인과의 커뮤니케이션을 내화하는 과정이라고 했다. 정신발달은 먼저 대인적인 커뮤니케이션에 의해서 일어나고 그다음으로 그것을 내화하는 개인 내의 심리과정으로 일어난다는 것이다. 그리고 비고츠키는 발달단계에 맞춘 교육을 '발달을 뒤좇아 가는 교육'이라며 비판했다. 비고츠키는 '혼자서 도달할 수 있는 단계'(현재의 발달 수준)과 '다른 이의 도움에 의해 도달할 수 있는 단계'(내일의 발달 수준) 사이의 영역을 '근접발

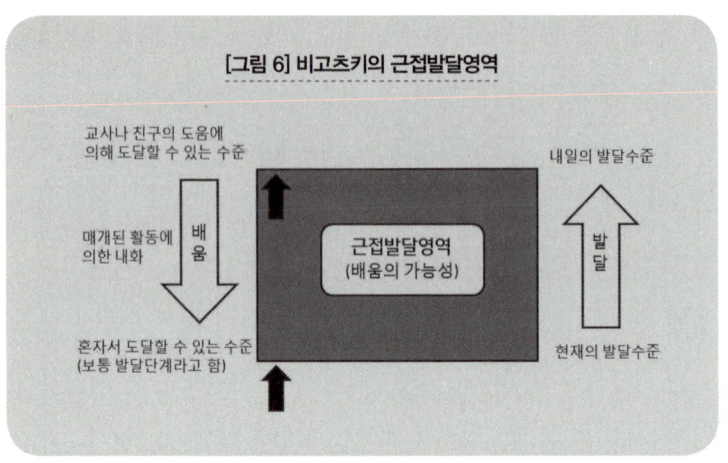

달영역'이라 이름 짓고 교육은 '근접발달영역'에 맞추어 실시해야 한다고 제창했다. 이 '근접발달영역'에서 성립되는 '내화'로서의 배움은 '도구(언어, 소재, 모델, 개념 등)'에 '매개된 활동'에 의해 전개된다고 말한다.

나는 비고츠키의 '근접발달영역'과 '내화' 이론에 의거해서 배움을 3가지 대화적 실천으로서 정의한다. 배움은 새로운 세계와의 만남이자 대화의 실천(인지적 실천)이며, 다른 이와의 대화의 실천(대인적 실천)이며, 자기 자신과의 대화의 실천(자기 내적 실천)이다. 환언하자면 배움이란 '매개된 활동'에 의한 새로운 세계와의 만남이며, 교사와 친구와의 대화에 의한 '발돋움과 점프'인 것이다. '협동학습'의 유효성의 비밀은 이 3가지 대화적 실천을 내포하고 있는 점에 있다.

'수준별 지도'의 오류는 이미 명확해졌다. '수준별 지도'는 '혼자서 도달할 수 있는 단계'에 맞춘 교육이며, 습숙도나 능력이 균질화된 집단에 있어서의 개인주의적인 배움이며, 협동의 계기를 상실한 배움이다. 다양한 개성과 능력을 가진 학생들이 '협동'으로 서로 배우는 곳이야 말로 '발돋움과 점프'를 한 명 한 명에게 보장하는 역동적인 배움이 성립될 가능성이 있다.

신뢰와 연대를 통한 협동적인 배움으로

'협동학습'에 '발돋움과 점프'가 있는 배움이 성립되는 기반이 있다고 한다면, 어떻게 수업을 개혁하고 배움의 경험을 조직하면 될까? 마지막으로 나 자신이 협력하고 조언해 온 학교개혁의 경험으로부터 학력을 향상시키기 위한 수업개혁의 포인트를 제시하고자 한다.

첫 번째로 지적해 두고 싶은 것은 역설적으로 들리겠지만, 학력향상의 포인트를 직접적인 학력향상에 목적을 두지 않는 것에 있다. 학력향상을 목적으로 두고 추구하는 것은 토지를 경작하지 않고 기르지도 않고 수확만 생각하는 어리석음과 같다. 수업개혁에서 추구해야 할 것은 배움의 경험을 풍성히 하고 높이는 것이고, 학력향상은 그 결과로 따라오는 것이지 그 반대가 아니다.

배움의 경험을 풍성히 하고 높이기 위해 먼저 교육과정에 대한 사고방식을 바꿀 필요가 있다.

현재의 교육과정은 '프로그램'으로 조직되어 있고 '프로젝트'로 조직되어 있지 않다. 그러나 21세기에 필요한 배움은 '프로젝트형' 배움이다. 교육내용(단원)을 '프로그램'(단계)으로서가 아니가 '프로젝트'(과제)로 생각해야 할 필요가 있다. 예를 들자면, 피아노 연주를 배울 때 '바이엘'과 같은 기능 훈련은 '프로그램'(단계)으로서 교육되어야 하지만, '작품'의 해석과 표현을 배울 때에는 '프로젝트'(과제)로서 교육해야 한다. '프로그램'으로서의 난이도와 '프로젝트'로서의 난이도는 결정적으로 다르다. 바흐나 모차르트의 작품과 같이 기능적으로 단순한 곡일수록 음악적으로 표현하기는 어렵다. 더욱이 연주가의 음악성은 기능적으로 단순한 곡일수록 여실하게 드러난다.

'기능'은 난이도에 의해 프로그램으로서 단계적으로 계통화할 수 있지만, '작품'은 하나하나가 독자적인 세계를 구성하고 있어 각각 독자적인 프로젝트로서 배워야 한다. 학교의 교육내용도 마찬가지이다. 학교의 교육내용은 피아노 레슨과 비교하면 '기능'이 차지하는 비율은 훨씬 한정적이고 '이해와 표현'이 차지하는 영역이 크다. 산수나 수학과 같이 단계적으로 조직된 것처럼 보이는 내용에서도 하나하나의 단원은 독자적인 프로젝트로 배워나가야 할 것이다. '분수의 나눗셈'을 모른다고 해서 '삼각형의 합동'도 모르는 것은 아니기 때문이다.

　수업개혁의 중심과제는 '습숙'과 '암기'에 치우친 무매개적이고 개인주의적인 '공부'(뇌의 시냅스의 결합)를 '매개된 활동'과 '협동학습'에 기반한 의미와 관계의 구성이라는 '배움'으로 전환하는 것이다. 나는 이 과제를 '활동'과 '협동'과 '성찰'(표현과 공유)이라는 3가지 요소를 포함한 배움의 활동을 모든 수업에 도입하는 것을 교사에게 요청하고 있다. 구체적으로는 어떤 작업이나 활동이 있어야 할 것, 3~5명의 그룹에 의한 이미지나 의견의 교류가 있을 것, 다양한 사고를 표현하고 교류하여 각자의 사고를 음미하는 커뮤니케이션이 조직될 것, 이렇게 3가지 요소로 모든 수업을 조직하도록 권한다.

　협동학습을 실현하는 기초는 서로 배우는 관계 만들기에 있고, 서로 배우는 관계는 '서로 듣는' 관계를 기초로 성립된다. 교사들은 보통 '저요, 저요' 하고 손을 들고 활발하게 발표하는 수업을 추구하기 마련인데, 그런 수업은 의외로 배움에 있어서는 깊이가 없다. '저요, 저요' 수업은 서로 독백을 던질 뿐 배움의 본질이라고 할 수 있는 대화가 없기 때문이다.

　대화에 의한 커뮤니케이션은 '말하는 것'보다 '듣는 것'에 기초를 둔다. 다른 이의 목소리를 듣는 것이 배움의 출발점이다. 배움에 필요한 것은 진중함이며, 다른 이의 목소리에 귀를 기울이고 자신과는 다른 이질적인 사고방식을 받아들이고, 그 이질적인 사고와 자신의 사고를 맞대어 보는 대화적인 커뮤니케이션이다. 서로 듣는 관계를 교실 안에 구축하기 위해서는 교사 자신이 한 명 한 명의 목소리에 귀를 기울이고 그 목소리를 연결시키는 장기간에 걸친 끈기 있는 지도가 필요하다. 이 관계를 구축하지 않고서는 '협동학습'은 성립되지 않는다.

'협동학습'은 소그룹의 활동과 대화에 의해 가장 유효하게 작용한다. '발돋움과 점프'가 일어나는 것은 이 소그룹의 활동에서이다. 교사는 수업 과정에서 발표가 적어지면 바로 과제를 정리하고 소그룹 활동으로 돌려야 한다. 소그룹 활동이야말로 모든 학생을 참가하게 하고 혼자서는 해결할 수 없는 문제를 친구와 협동하여 해결하는 것을 통해 '발돋움과 점프'를 현실화할 수 있는 것이다.

'협동학습'에서 교사는 모르는 학생을 잘 아는 학생이 도와주는 '가르쳐 주는 관계'로 이끌기 쉬운데 '가르치는 관계'는 일방적이며 '협동학습'을 빈약하게 만든다. '서로 가르치는 관계'와 '서로 배우는 관계'는 결정적으로 다르다. '서로 가르치는 관계'는 참견하는 관계이고 '서로 배우는 관계'는 있는 듯 없는 듯한 배려의 관계이다. 중요한 것은 자신이 이해가 가지 않으면 '이건 어떤 의미야?', '이거 어떻게 하는 거야?' 하고 물을 수 있는 습관을 형성하는 것이다. 언제나 교실을 보면서 감탄하는 것은 친구에 대한 학생들의 관용과 친절이 정말 훌륭하다는 점이다. 학력이 낮은 학생이 학력을 향상시킬 수 있느냐 없느냐는 '여기 어떻게 하는 거야?'

라는 질문으로부터 쌓여가는 서로 배우는 관계에 달려있다고 해도 과언이 아니다. 학력이 낮은 학생일수록 혼자서 해결하려하는 경향이 있으므로 이해가 가지 않을 때에 '이거 어떻게 하는 거야?' 하고 친구에게 묻는 습관을 만드는 것이 중요하다.

'협동학습'이 알차게 전개되고 있는지 여부는 학생들의 목소리를 듣고 판단할 수 있다. 활발하게 의견을 발표할 때에는 주의가 필요하다. 목소리 톤이 높을 때에는 사고 수준이 낮고, 사고 수준이 높을 때에는 작은 목소리로 온화한 어조가 되는 경향이 있기 때문이다. 그러므로 학생들이 활발하게 의견을 발표할 때에는 과제의 레벨을 조금 높게 잡을 필요가 있다. '발돋움과 점프'의 도전이 있는 배움에서는 목소리 톤은 떨어지고 촉촉한 느낌의 대화가 이루어진다. 일반적으로 말하여 '협동학습'을 추구하는 교사의 수업은 내용의 수준이 떨어지기 마련이다. 활발한 배움보다는 깊은 배움을 추구하여 가능한 한 높은 수준에 도전하는 협동학습을 조직해야 한다.

이제까지의 교실은 교사와 학생들의 관계도 학생 간의 관계도 '평가'와 '경쟁'에 의해 조직되어 있었다. 그 연장선상에 있는 것이 '수준별 지도'라 해도 될 것이다. '협동학습'에 의한 '배움의 공동체'는 그 반대편에 위치해 있다. '협동학습'은 '평가'와 '경쟁'이 아니라 '신뢰'와 '연대'로 뒷받침된 교사와 학생들의 관계와 친구 관계를 추구한다.

나는 이제까지의 경험으로, 학력 격차를 줄이고 학력향상을 가져다주는 학교개혁은 '협동학습'에 기반한 '배움의 공동체'를 구성하는 학교개혁에 의해 이룰 수 있다고 확신하고 있다('배움의 공동체'에 관해서는 졸저 『교육개혁을 디자인한다』를 참조). 내가 개혁에 관여해 온 학교는 모두 서로 배우는 관계 만들기에 의해 '발돋움과 점프'가 있는 배움을 모든 학생에게 보장하고 학력 수준의 향상과 학력 격차의 축소를 동시에 실현하고 있다. 그중에는 불과 몇 년 만에 지역 내에서 가장 낮은 학력 수준에서 가장 높은 수준으로 비약적으로 향상한 학교도 많다. 자세한 내용은 나가오카 시의 미나미 중학교, 후지 시의 히로미 초등학교와 가쿠요 중학교, 치가사키 시의 하마노고 초등학교, 안죠 시의 안죠니시 중학교, 코오리야마 시의 킨토 초등학교 등의 실천을 참조하면 된다.

닫힌 미래가 되지 않기 위해서

'수준별 지도'를 확산시키느냐, 폐지하느냐는 학생들의 미래를 결정하는 데 있어서 중대한 선택임과 동시에 일본 사회의 미래를 결정하는 중대한 선택이다.

2002년 3월과 4월에 핀란드와 독일의 학교를 방문, 조사하였을 때 21세기의 두 가지 교육과 사회의 모습을 보았다. 핀란드의 학교에서는 PISA 조사의 결과가 나타내듯이 교육내용의 수준이 높고 저학력으로 고통받는 학생들이 놀랄 만큼 적었다. 어느 학교에 가도 학업에 따라가지 못하는 학생은 아주 조금밖에 찾아볼 수 없고, 책상에 엎드려 있는 학생이나 어두운 눈빛을 보이는 학생도 거의 없었다.

그에 비해 독일의 학력이 낮은 학생이 다니는 하우프트슐레에서는 1학년(일본의 초등학교 5학년) 때부터 학교의 구석진 곳에서 절망과 염세로 이어진 친구들과 담배를 피우며 모여 있었다. 하우프트슐레는 '독일의 쓰레기통'이라 불리고 있다. 교장과 교사들도 그들의 염세적인 태도는 당연하다고 말한다. 그들은 졸업을 해도 취직하지 못하고 하우프트슐레에 입학한 것에 의해 미래를 박탈당하는 것이다. PISA 쇼크 이후 독일의 교육관계자들은 학생들을 기초학교의 종료 시점(초등학교 4학년)의 학력에 의해 3가지 중등학교로 나뉘는 능력 차별 시스템을 어떻게 개혁할지를 고민하고 있다. 이것은 남의 일이 아니다. 일본의 고등학교에서는 독일의 하우프트슐레 이상의 현실이 존재하기 때문이다.

'수준(능력)별 지도'의 가장 큰 오류는 '수준(능력)'의 차이 그 자체가 교육의 소산임을 인식하지 못하고 있다는 점이다. 핀란드의 교육을 참관하고 통절히 느낀 것은 이 부분이다. 능력의 불평등은 교육 불평등의 결과이다. OECD의 PISA 조사는 핀란드가 가정의 사회적 문화적 배경이 교육에 가장 영향을 적게 미치는 나라임을 나타내고 있다. 교육에 있어서의 평등이 사회적 불평등에 대항하는 힘을 발휘하고 있다는 증거이다.

핀란드의 교육이 우리에게 시사하는 바는 문제를 인식하는 방식을 전환시켜야 한다는 것이다. 능력의 차이에 대응하는 교육으로 어떻게 바꾸느냐가 아니라 능력의 차이를 낳는 교육을 어떻게 개혁하느냐를 묻지 않으면 안 된다. 능력이나 개성의 차이에 어떻게 대응하느냐가 아니라 능력이나 개성의 차이를 살린 배움을 어떻게 창조하느냐를 물어야 한다. 이 두 가지 물음이 빠져있다는 점에 있어서 '수준별 지도'는 근본적인 오류를 범하고 있다. 능력 차별의 현실이 있는 한 평등이라는 가치를 결코 뒷전에 두어서는 안 된다고 생각한다. 그것이 학생들의 장래와 미래 사회에 책임을 지는 교육자의 사명이다.

· 3부 ·

학력을 묻는다

배움의 교육과정

학력문제의 혼란

어긋나는 논의

학력저하를 우려하는 논쟁이 활발하게 전개되고 있다. 지금의 상태로는 아이들의 학력이 위기상황을 맞아 대학교육은 기능이 마비될 것이며, 일본 경제는 국제경쟁력을 잃어버릴 것이다. '문부과학성이 추진하고 있는 여유교육(餘裕敎育)이 그 원흉이며, 2002년부터 실시되는 교육내용의 30% 삭감을 즉시 중단하고 정책을 전환할 필요가 있다.' 이것이 바로 학력저하를 우려하는 사람들의 주장이다.

문부과학성은 처음에는 "학력은 저하되지 않았다"고 반론했지만, 학력저하를 우려하는 목소리가 언론을 통해 확대되자 '기초학력의 철저'를 내걸고 수준별 학습지도와 소인수 지도를 추진하고 학력향상 중점학교를 만드는 방침을 제안했다. 과연 학력은 정말 저하되었을까? 학력이 저하되었다면 어디에 원인이 있을까? 그리고 학력을 향상시키기 위해서는 어떻게 하면 좋을까?

학력저하의 논쟁은 대학생의 학력위기를 우려하는 주장에서 시작되었다고 할 수 있다. 니시무라 가즈오(西村和雄) 교토(京都) 대학 경제학연구소 교수와 도세 노부유키(戶瀨信之) 게이오(慶応) 대학 경제학과 교수가 『분수를 못 하는 대학생』(오카베 신지岡部愼治 편, 1999년)이라는 책에서 일류 대학의 학생 10명 중 2명이 분수 계산을 하지 못한다는 충격적인 조사결과를 발표한 것이 그 출발점이다. 니시무라와 도세의 지적도 충격이었지만, 대학생의 학력에 대한 위기감은 대학에 있는 사람들 대부분의 의식을 반영한 것이라고 할 수 있다. 국·공·사립대학의 학장에게 학생의 학력에 대해 질문한 1999년 조사에서는 83.6%의 학장들이 "저하되었다"고 응답했다.

대학생의 학력이 저하된 배경으로는 대학 입시 과목의 다양화와 축소화, 고등학교의 선택 중심 교육과정, 대학의 교양교육 해체, 거기에 거품경제 붕괴 이후의 취업난으로 인한 고등교육 진학률의 상승이라는 직접적·복합적인 요인이 얽혀 있다. 그러나 니시무라와 도세의 조사에 의하면 일류 대학의 경제학부에서 수학 학력이 저하되었는데, 왜 입시 과목에 수학을 넣지 않는지는 의문이다.

새뮤얼(Samuel Bowles)의 경제학이 입문 교과서로 지정된 이래, 경제학부는 '수학부'라고 해도 좋을 만큼 강의 내용에 수식이 넘쳐난다. 수식이 거의 없는 정치·경제 교과서를 통해 경제학에 대한 이미지를 품은 고등학생들은 대학의 경제학부에 입학한 순간 너무나도 다른 경제학의 이미지에 깜짝 놀랄 것이다.

사립대학의 경제학과를 지원하는 학생은 일반적으로 국어와 영어가 필수로 사회(일본사, 세계사, 지리, 공민, 정치경제)에서 한 과목을 선택하도록 되어 있다. 그래서 중학교를 졸업하면 수학은 거의 배우지 않는다(중고일관고의 경우에는 문부과학성에 비밀로 입시 과목 이외의 수업은 하지 않는 학교도 있다).

또한 대부분의 대학은 1991년 대학설립기준의 완화 이후, 교수에게 부담이 되는 교양과목을 해체했다. 니시무라와 도세의 조사 결과를 보면, 입학 후 당황하여 어쩔 줄 모르는 경제학부 학생들의 얼굴이 떠오른다.

그러나 니시무라와 도세는 대학 입시의 개혁을 주장하기보다는 조사결과에 나타난 대학생의 학력저하는 문부과학성이 추진해온 여유교육 탓이며, 초·중·고등학생의 학력저하 때문이라는 논쟁을 언론을 중심으로 전개하고 있다. 바로 여기에서부터 학력저하를 둘러싼 대논쟁이 시작된다.

니시무라와 도세의 주장이 문부과학성의 책임 추궁으로 전개된 것에도 이유는 있다. 문부과학성은 2002년(고등학교는 2003년)부터 완전 주5일제 수업 실시와 병행하여 주입식 교육에서 벗어나기 위해 교육내용의 30% 삭감을 결정했다. 그러자 대학생의 학력저하에 박차를 가할 뿐이라는 비판이 문부과학성의 정책에 의문을 품은 사람들 사이에 일제히 터져 나왔다. 대학생의 학력저하는 어느 사이 초·중학생의 학력저하 논쟁으로 전환되어 버린 것이다.

그러나 대학생의 학력저하는 대부분의 대학인이 실감하고 있지만, 초·중학생의 학력저하는 많은 교사가 실감하는 것과 거리가 멀다. 여러 학력조사가 있지만, 어떤 조사결과를 보아도 학력저하는 사실이기도 하고 사실이 아니기도 하다. 왜냐하면, 학력의 변화를 장기적으로 조사한 자료가 없기 때문이다.

몇 개의 단편적인 조사로 비슷한 문제를 비교할 수 있지만, 그 조사를 봐도 학력이 저하되는 경향은 있으나 분명히 저하되었다고 단정할 수는 없다. 따라서 문부과학성이 학력저하를 실증할 근거가 없다고 대응한 것도 그렇게 말할 수밖에 없기 때문이라고 볼 수 있다. 앞으로 참조 가능한 학력조사의 결과를 좀 더 자세히 분석할 필요가 있겠지만, 언론이 떠드는 것과 같은 학력저하를 시사하는 조사자료는 존재하지 않는다고 할 수 있다.

그러나 학력저하를 둘러싼 논쟁은 날이 갈수록 격해지고 있다.

제일 먼저 이에 동조한 것은 입시산업이다. 여기에는 이유가 있다.

지금까지 막대한 이윤을 축적했던 입시산업은 현재 전업과 도산의 위기에 직면하고 있다. 진학률의 정체와 소자녀화 현상으로 모집 정원과 입시생이 부족해지면서 대학이 학생을 선발하는 시대에서 학생이 학교를 선택하는 시대로 변했다. 전국에 1,000개가 넘는 대학과 전문대학이 입학생을 확보하기 위해 추천 입시를 확대하고 있으며, 입시선발은 하지만 응시생 전원을 입학시키는 곳도 생겨나고 있다. 응시하는 것만으로도 컴퓨터를 선물하는 학교조차 있는 실정이다.

이러한 변화는 입시산업에 영향을 미쳐 실제로 입시학원으로 앞으로도 입시산업을 계속할 곳은 자본금이 적어 전업을 할 수 없는 기업이나 대량의 강사를 정규직으로 고용하고 있기 때문에 구조조정을 할 수 없는 기업뿐이다. 입시경쟁의 종언과 소자녀화라는 이중의 위기로 입시산업은 존망의 기로에 서 있다.

전업과 도산의 위기는 고등학교와 사립중학교 입시를 대상으로 하는 입시산업에서도 마찬가지이다. 일반적으로 사립중학교를 지원하는 경향이 강하다고 하지만, 실은 이와 반대로 거품경제 붕괴 이후에 사립중학교를 바라는 사람은 30%나 줄었다. 이런 상황에서 학력저하 논쟁은 입시산업 쪽에서 보면 학부모와 학생들의 불안을 이용하여 고객을 늘릴 수 있는 '호박이 덩굴째 굴러 들어온' 기회라 할 수 있을 것이다.

유명학원들은 앞을 다투어 모의시험과 공개시험 등을 통해 학력저하 자료를 제시했다. 대부분 해를 거듭할수록 시험 성적이 저하되고 있음을 보여주고 있지만, 이것이 학력저하를 나타내는 신빙성 있는 자료라고 할 수는 없다. 모집단이 모두 다르기 때문이다.

과거의 유명학원에 들어가기 위해서는 유명대학에 들어가기보다 어렵다는 '학원 입시'를 치러야 했다. 그러나 현재는 학원시험을 치르는 학생들 전원을 받아들이고 있는 실정이다. 도쿄 도에서는 고등학생 전체 학력 분포의 70%에 해당하는 학생들이 과거 도쿄대에 들어가기보다 어렵다는 유명학원에 다니고 있다. 시험의 평균점이 낮은 것은 어찌 보면 당연하다. 따라서 평균점의 저하는 학생들의 학력저하를 나타내는 것이 아니라 그 학원의 위상 저하를 나타내는 것이라 할 수 있을 것이다.

학력저하에 따른 교육정책

그러나 나는 초·중·고등학생의 학력도 대학생만큼은 아닐지라도 위기에 처해 있다고 본다. 이를 증명할 조사자료도 있다. 학력저하를 보여주는 설득력 있는 조사가 없다고는 하지만, 이렇게 많은 사람이 위기감을 느끼는 데는 어떤 근거가 있을 거라고 생각해야 할 것이다. 학력의 위기가 어디에 있는지는 지금부터 검토하겠지만, 그 전에 먼저 학력저하론의 후속 전개에 대해 살펴보자.

학력저하 문제를 확대시킨 것은 경제계이다. 일본경제신문을 중심으로 표명된 경제계의 위기감은 타당한 근거가 있다. 경제계가 주장하는 것처럼, 일본 경제의 비약적인 발전은 어느 나라에도 지지 않을 만큼 탄탄한 기초교육을 통해 키워진, 질 높은 노동력과 근면한 정신에 바탕을 두고 있다. 학력저하가 사실이라면 지금까지 질 높은 노동자를 양성해 온 기초교육이 붕괴되었다는 것을 의미하며, 문부과학성의 교육내용 30% 삭감은 국제경쟁에서 이길 수 있는 엘리트 양성을 저해할 위험이 있다. 이 모든 것이 현실성 있는 위기인식이라고 할 수 있을 것이다.

2000년에 들어서면서 "학력은 저하되지 않았다"고 단언하던 문부과학성도 동요하기 시작했다. 우선 학습지도요령은 최저 기준이라고 발표했다. 여담이지만, 저자는 10년 전부터 문부과학성에 학습지도요령을 최저 기준으로 할 것을 제언했다. 아이러니하게도 이제야 그 제언이 실현된 것이다. 그러나 문부과학성이 말하는 최저 기준의 의미는 교사가 교실에서 학습지도요령보다 수준이 높은 내용을 가르칠 수 있다는 뜻이다. 이 최저 기준이란 어떤 면에서는 진실이지만, 다른 면에서는 궤변에 지나지 않는다. 아니 학습지도요령을 최저 기준으로 함으로써 문부과학성이 노린 것은 학력저하론과 전혀 다른 곳에 있다.

문부과학성은 최근에 교육개혁 주안점의 하나로 획일주의의 극복을 위해 의무교육의 복선화를 내걸었다. 바로 '악평등의 재고'라고 일컫는 것이다. 이는 의무교육 단계에서부터 학력 차에 따른 복선형 학교제도를 만들자는 정책이다. 이 때문에 '학력도 개성'이라는 말이 등장했다. 학습지도요령을 '최저 기준'으로 한다는 것은 '의무교육의 복선화'와 직결되어 있다. 어떤 면에서 진실이라고 할 수 있는 부분이다.

그러나 '최저 기준'이란 말은 다른 한편으로 궤변에 지나지 않는다. 왜냐하면, 교과서 검정에서는 학습지도요령을 최저 기준으로 다루지 않기 때문이다. 실제로 문부과학성은 학습지도요령은 최저 기준이라고 하면서 교과내용의 30% 삭감을 엄격하게 지키지 않는 교과서는 검정에서 불합격 판정을 하겠다고 거듭 강조하고 있다. 2001년 9월에 문부과학성은 고등학교 이과에 한해 학습지도요령 이상의 내용을 서술해도 불합격 판정을 하지 않겠다고 했지만, 그 밖의 교과서는 여전히 학습지도요령의 기준에 따라 교육내용의 30% 삭감을 엄격하게 체크하고 있다.

2001년이 되자 학력저하 논쟁이 문부과학성 내부에서도 일어났다. 1월 5일 자 요미우리신문에서 문부과학성의 오노(小野) 사무차관이 '여유교육의 재고'를 선언한 것이다. 이렇게 하여 학력저하 논쟁은 문부과학성 내부뿐 아니라 교육관계자 모두에게 확산되었다.

문부과학성은 이미 기초학력의 철저를 위해 '수준별 학습지도'

와 '소인수 지도'의 도입을 결정했지만, 강화책으로 학력저하 논쟁을 이용하여 의무교육 복선화를 추진하고 있다.

2001년 8월, 문부과학성은 '학력향상 프런티어 스쿨 구상'을 제시하면서 2002년부터 47개 지방자치단체마다 초·중등학교를 각 10개씩 선택하여 전국적으로 1,000개의 학력향상 프런티어 스쿨을 지정한다고 발표했다.

학력향상 프런티어 스쿨이라는 중점학교에서 초등학교 단계에서부터 교과담임제를 시행하고 교사를 많이 배치하여 소인수의 수준별 수업을 실시한다는 것이다. 문부과학성의 위탁을 받은 각 지방의 교육위원회가 2001년 9~10월에 교장회의 검토를 통해 중점학교를 선정하고 문부과학성이 최종적으로 결정한다고 한다.

이 중점학교 정책이 의무교육 단계의 공립학교 중에서 엘리트 학교를 만든다는 점은 분명하다. 실제로 이런 움직임에 재빠르게 대응한 「주간현대」(2001년 9월 1일호)는 '실명게재. 문부과학성이 선택한 중점 엘리트 학교는 여기다!'라는 표제의 특집을 꾸며 지방별로 예상되는 학교를 게재했다. 문부과학성은 학력저하 논쟁에 수비적으로 대응하는 것이 아니라 그에 편승하여 학력향상 엘리트 학교(의무교육의 복선화)를 공격적으로 추진하는 입장으로 전환했다.

학력향상 프런티어 스쿨 구상은 문부과학성의 즉흥적인 플랜이 아니다. 2001년 9월, 문부과학성은 새로 발족한 중앙교육심의회에 〈교육개혁국민회의의 17제안〉 중의 하나인 커뮤니티 스쿨을 구체화하는 자문회를 예정하고 있으며, 자민당과 민주당은 이미 〈커뮤니티 스쿨 법안〉을 독자적으로 준비하고 있다.

커뮤니티 스쿨이란 지역학교라고도 하는데, 미국의 '차터 스쿨(charter school, 공교육비를 투입한 사립학교)'의 일본판으로, 교육위원회가 인정한 학교에 기업으로서의 자유를 주고 교육과정 편성과 교육 인사권을 부여하여 공립학교의 민영화를 촉진하는 학교를 말한다.

이 '교육개혁국민회의'가 제안한 커뮤니티 스쿨과 문부과학성이 제창하는 학력향상 프런티어 스쿨은 의무교육의 복선화와 연동하고 있다. 학교 선택의 자유화로 이어진다면, 신자유주의 교육개혁의 주안점인 공립학교의 민영화와 직결되는 개혁 노선인 셈이다.

대학생의 학력저하에서 출발한 학력 논쟁은 문부과학성의 여유교육 비판, 2002년부터 실시되는 신학습지도요령 비판으로 이어져 기초교육과 엘리트 교육에 대한 위기의식으로 번지고 있다. 그리고 이에 대응하여 문부과학성에서는 '기초학력의 철저'를 내걸고 수준별 학습지도와 소인수 지도를 도입하고 학력향상 프런티어 스쿨(중점 엘리트 학교), 또는 커뮤니티 스쿨(일본판 차터 스쿨)을 통한 의무교육의 복선화를 추진하고 있다.

이처럼 혼란스럽게 전개되는 학력저하 논쟁의 결과로 문제 하나라도 해결되었는가? 학력저하라고 하지만, 초·중·고등학교의 각 단계에서 어떤 학력이 어떻게 저하되었는지에 대해서는 아직도 확실하지 않다. 위기라고 하지만 도대체 누구의, 어떤 학력이 위기란 말인가? 그리고 이 위기를 어떻게 해결해야 할까?

중요한 것은 하나도 밝혀지지 않은 상태에서 모두 예측만으로 논쟁을 혼란시키고 있다. 신뢰할 수 있는 자료, 명확히 해야 할 사실도 검토하지 않은 채, 문부과학성은 교육내용의 30% 삭감을 단행하고, 한편으로는 기초학력의 철저를 주장하며 공립초등학교와 중학교를 엘리트 학교와 일반 학교로 나누는 의무교육의 복선화를 추진하고 있는 것이다.

혼란스러운 것은 교육평론가를 중심으로 한 언론이나 문부과학성뿐만이 아니다. 처음에는 조용히 지켜보던 교사들도 혼란스러워하며 학교 현장에서 기초학력의 드릴(연습)학습과 학력고사를 보급하면서 학부모와 지역의 비판을 받지 않으려고 기초학력의 강화라는 구실을 내세우고 있다.

그러나 소박한 의문이 든다. 과연 드릴학습으로 기초학력이 정착될까? '읽고, 쓰고, 셈하기'의 기초학력 강화는 새로운 시대의 요구에 부응할 수 있을까? 수준별 학습지도가 낙제생들에게 효과가 있을까? 교육내용이 30% 삭감되고 드릴학습이 중시되는 학교에서 과연 아이들의 창조적인 사고와 표현력, 비판력, 판단력을 기를 수 있을까? 기초학력의 철저를 위한 학습지도요령으로 공부를 싫어하는 아이들이 점점 더 공부를 싫어하지는 않을까?

이 모든 소박한 의문은 문제의 핵심을 지적하는 것이라 생각한다. 예를 들어, 미국과 유럽에서는 산업사회에서 지식사회로의 전환을 예상하여 교육내용의 레벨 업을 개혁의 중심과제로 삼고 있다. 일본처럼 레벨 다운을 꾀하는 나라는 존재하지 않는다.

'기초학력의 중시'에 대해서는 나중에 설명하겠지만, 1980년대에 미국에서 단행되었던 '기초로 돌아가기(back to the basics)' 운동이 실패한 사례가 있다.

수준별·능력별 지도도 1970년대에 열정을 갖고 시행하였지만 대부분이 실패로 끝났다. 적어도 선진국에서는 현재 수준별·능력별 지도를 교육개혁으로 추진하는 나라는 없다. 이와는 반대로 능력과 관심이 다양한 아이들이 서로의 차이를 통해 배우는 협동학습이 세계 교육개혁의 추세이다. 학력저하의 위기를 의무교육의 복선화로 연결시키려는 정책은 물론 어불성설이다.

여기에서는 학력저하를 둘러싸고 일어나는 혼란스러운 사실과 논쟁을 가능한 한 명쾌하게 정리하고 각각의 대응책을 비판적으로 검도하시 보는 아이의 학력향상을 위한 방법을 모색하고자 한다.

학력저하가 허위라고 주장하는 것이 아니다. 오히려 일본의 학력위기는 현재 언론을 통해 보도되고 있는 것 이상으로 심각한 사회문제이며, 더 큰 위기의 전조로 사회 존망이 걸린 문제라고 생각한다. 그러나 위기를 둘러싼 논쟁은 신경질적으로 이루어져서는 안 될 것이다. 신뢰할 수 있는 자료와 사실에 근거한 논의와 경험에 바탕을 둔 비판을 통해 검토해야 할 것이다. 이를 위해 다음과 같은 문제를 중심으로 고찰해 보기로 하겠다.

1. 먼저 학력실태가 어떠한가에 대해 활용 가능한 조사자료를 중심으로 현재 일본 학생들의 학력 특징을 정리할 필요가 있다. 학력저하론은 학력의 양적 측면에 한정되어 있어 질적인 문제를 외면하고 있다. 여기에서는 학력위기의 다양한 질적 측면을 제시하고자 한다.

2. 왜 일본에서는 학력위기를 심각하게 받아들이고 있는지를 역사적·사회적으로 인식할 필요가 있다. 학력을 둘러싼 역사적·사회적 인식은 앞으로의 교육과정과 배움의 방식을 생각하는 데 중요하기 때문이다.

3. 학력저하에 대한 대응책에 대해 비판적으로 검토할 필요가 있다. 기초학력의 철저, 수준별 학습지도, 소인수 지도 등은 학력을 향상시키는 데 효과적인 방법일까? 학력향상을 위해서는 어떤 방법이 유효할까? 이런 의문에 대해 일본과 다른 나라의 경험을 총괄하여 교육학의 식견을 제시하고자 한다. 학력위기에 대응하여 문부과학성이 추진하는 정책에 대해 언급하겠다.

4. 마지막으로 학력저하를 둘러싼 논쟁을 통해 새로운 배움과 커리큘럼을 제안하고자 한다.

학력의 실태 – 무엇이 문제인가

학력이란 무엇인가

학력에 관한 논의를 위해서는 먼저 '학력'이라는 말의 의미를 명확히 하여 학력의 실태를 밝힐 필요가 있다. '학력'이라는 말은 유난히 애매하게 사용되어 논의에 많은 혼란을 초래하고 있다.

문부과학성은 지식과 기능뿐 아니라 '관심, 의욕, 태도'를 포함한 "살아가는 힘"으로서 학력을 새롭게 정의하고 있다. 또한 사람에 따라서는 보이는 학력과 보이지 않는 학력, 또는 측정할 수 있는 학력과 측정할 수 없는 학력이 있다고 주장한다. 나아가서는 '살아 움직이는 학력'이라는 말로 주입식 학력과는 다르게 학력을 표현하려는 사람도 있으며, 학력을 학습결과가 아니라 학습능력으로 보는 견해도 있다.

이같이 다양한 의미로 사용되므로 학력의 의미를 하나로 확정하는 것은 불가능하다. 사실 학력의 의미가 이처럼 확장된 것은 일본교육의 특이한 현상이다. 미국과 유럽에는 일본에서 말하는 학력은 존재하지 않는다.

여기에서는 학력을 영어의 'achievement'로 정의한다. 학력은 원래 achievement의 번역어로 이 정의에 이의를 제기하는 사람은 없으리라 생각한다. 영어의 achievement는 말 그대로 학교에서 가르치는 내용에 대한 학습에 의한 도달을 의미한다. 학력이란 이런 의미에 지나지 않는다. 이렇게 한정된 의미에서 학력을 정의하고자 한다.

학력의 의미가 확장되어 혼란이 초래된 이유는 achievement를 힘으로 보기 때문이다. '학력'으로 번역되는 한자 의미가 실제로 일을 복잡하게 만든다. 즉 achievement의 실체가 아닌 기능을 보고 '힘(力)'으로 인식하고 있는 것이다. 더욱이 학력이라는 말을 achievement 기능인 힘의 실체로 인식하고 있어 복잡해지는 것이다. '힘(power)'은 능력이며 권력이다. 학습에 의한 도달이 능력이나 권력이 될 리 만무하다. 따라서 여기에서는 학력을 학교에서 가르치는 내용의 'achievement'(학습에 의한 도달)로 정의하기로 한다.

교육과정의 변화를 반영한 학력자료

그럼 학력의 실태는 어떠한가? 그 실태를 파악하기 위해서는 신뢰성이 있는 조사자료에 근거해야 하겠지만, 어떤 자료라 할지라도 제약이 있어 일면성을 피할 수 없다. 왜 계산 문제가 3점이고, 문장 문제가 10점인가? 왜 분수의 나눗셈 문제는 출제하고, 소수의 곱셈 문제는 출제하지 않는가? 이러한 점을 고려하면 어떤 학력 테스트라도 편견은 있어 한 시점에서 절단한 단면만을 나타내고 있음을 부정할 수 없다. 그 한계를 인식하고 논의를 전개할 필요가 있다.

학생들의 학력저하를 설득력 있게 실증하는 조사자료는 없다. 오랫동안 계통적인 학력조사가 이루어지지 않았기 때문이다. 그러나 지금까지 신뢰성 있는 학력조사의 결과를 유사한 문제와 비교할 수도 있고, 과거에 이용한 것과 같은 문제로 조사하여 비교할 수도 있다. 지금까지의 조사결과와 유사한 문제의 정답률을 보면 초·중학생의 학력은 약간 저하되고 있지만, 학력저하라고 단정하기는 어렵다.

단, 1975년에 국립교육연구소(현 국립교육정책연구소)가 실시한 전국학력조사와 같은 수학문제를 중학교 2학년생을 대상으로 조사한 구로다 도시오(黑田利夫) 도쿄이과대학 교수의 조사처럼 학력저하를 명확하게 시사하는 조사가 있는 것도 사실이다. 그 결과를 보면 1975년의 정답률이 60.7%인데 반해, 2001년의 정답률은 52.3%에 지나지 않는다.

이는 어찌 보면 당연한 결과이다. 1975년은 교육내용의 현대화가 진행되어 중학교의 수학 내용이 고도화된 시기로 그 후 학습지도요령이 개정될 때마다 그 수준이 낮아지고 있다. 정답률이 8.5%나 저하되었다는 것은 교육수준의 저하를 보여준다. 이 조사의 사칙연산(기초학력)에서는 정답률의 차이가 보이지 않았지만, 방정식처럼 추상도가 높은 내용에서는 그 차이가 확연하다. 즉, 이 조사결과는 학습에 의한 도달저하라기보다는 오히려 학교에서 가르치는 내용의 저하를 시사한다고 볼 수 있다.

학교에서 가르치는 내용의 학습에 의한 도달조사로 각각 문부과학성과 국립교육연구소가 실시한 1985년과 1997년의 평균점에 현저한 차이가 보이지 않는다는 사실은 문부과학성이 주장하는 것과 같은 오히려 학력저하를 방증하는 조사결과라고 할 수 있을 것이다.

엄밀히 말하면, 이 조사결과도 구로다의 조사와 마찬가지로 학습에 의한 도달의 변화를 나타낸다기보다는 학교에서 가르치는 내용의 변화를 밝히고 있다고 할 수 있다. 즉, 학력저하란 오히려 "커리큘럼 내용의 저하"인 경우가 많다.

각종 조사에서 알 수 있는 것

학력 변화를 장기간에 걸쳐 계속 비교한 조사는 없지만, 일본의 학력을 국제적으로 비교한 국제교육달성도평가학회(IEA)의 조사결과(제1회 1964년, 제2회 1981년, 제3회 1995년)와 제3회의 추적조사(1999년)도 있고, 문부과학성과 국립교육연구소에 의한 '교육과정의 실시상황' 조사자료(1985년, 1997년)도 있다. 이 자료들에 근거하여 말할 수 있는 것은 다음과 같다.

먼저, IAE의 조사결과([표 3] 중학교 2학년 수학)에서 보이는 것처럼 일본 학생들의 학력은 세계 여러 나라 중에서도 최고 수준을 유지하고 있다.

1964년에는 12개국 중에서 이스라엘에 이어 2위, 1981년에는 20개국 중에서 1위, 1995년에는 41개국 중에서 3위(1위는 싱가포르, 2위는 한국), 1999년에는 5위(1위 싱가포르, 2위 한국, 3위 타이완, 4위 홍콩)로 순위는 떨어졌지만, 1995년부터 싱가포르와 한국이, 1999년부터 타이완이 새롭게 참가한 점을 고려하면 순위만을 가지고 저하되었다고 하기는 어렵다. 사실, 1995년과 1999년 동일 문제의 득점을 비교해도 거의 차이가 없다.

두 번째로, 일본의 초·중학생의 학력은 세계에서 최고 수준을 유지하고 있지만, 고등학생들의 학력은 어떨까? 또는 대학생의 학력은? 성인의 학력은 어떨까? 초등학생이나 중학생 학력의 국제

[표 3] 국제교육달성도평가학회의 조사결과로 본 중학생 수학 학력

제1회 1964년		제2회 1981년		제3회 TIMSS 1995년		제3회 TIMSS-R 1999년	
나라/지역 (12)	평균 총득점	나라/지역 (20)	평균 정답률	나라/지역 (41)	평균 득점	나라/지역 (38)	평균 득점
이스라엘	32.3점	일본	62.3%	싱가포르	643점	싱가포르	604점
일본	31.2	네덜란드	57.1	한국	607	한국	587
벨기에	30.4	헝가리	56.3	일본	605	타이완	585
서독	25.5	프랑스	52.6	홍콩	588	홍콩	582
영국	23.8	벨기에 (플라만어권)	52.4	벨기에 (플라만어권)	565	일본	579
스코틀랜드	22.3	캐나다(브리티쉬콜롬비아주)	51.8	체코	564	벨기에 (플라만어권)	558
네덜란드	21.4	스코틀랜드	50.8	슬로바키아	547	네덜란드	540
프랑스	21.0	벨기에 (프랑스어권)	50.0	스위스	545	슬로바키아	534
호주	18.9	홍콩	49.5	네덜란드	541	헝가리	532
미국	17.8	캐나다 (온타리오주)	49.4	슬로베니아	541	캐나다	531
핀란드	16.1			불가리아	540	슬로베니아	530
스웨덴	15.3			오스트리아	539	러시아	526
		영국	47.4	프랑스	538	호주	525
(중학교 2학년 : 70점 만점)		핀란드	46.9	헝가리	537	핀란드	520
		뉴질랜드	45.6	러시아	535	체코	520
		미국	45.5	호주	530	말레이시아	519
		이스라엘	44.7	아일랜드	527	불가리아	511
		태국	42.3	캐나다	527	라트비아	505
		스웨덴	41.6	벨기에 (프랑스어권)	526	미국	502
		룩셈브루크	37.6	태국	522	영국	496
		나이지리아	33.9	이스라엘	522	뉴질랜드	491
		스와질랜드	31.6	스웨덴	519	리투아니아	482
				독일	509	이탈리아	479
						키프로스	476
		(중학교 1학년)		이하 18개국/지역은 생략		이하 14개국/지역은 생략	
				(중학교 2학년) * 득점은 모든 학생 (중1, 2)의 평균점이 500점, 표준편차가 100이 되도록 계산하여 중2학생의 득점만을 표시했다.		(중학교 2학년) * 득점은 모든 학생의 평균치가 500점, 표준편차가 100이 되도록 산출했다.	

비교보다는 고등학생이나 대학생 학력의 국제비교 그리고 일반 시민 학력의 국제비교가 더 중요하다고 생각하지만, 유감스럽게도 고등학생이나 대학생, 일반 시민의 학력을 대규모로 조사한 자료는 없다.

그런데 간접적으로 확인할 수 있는 자료가 있다. 1996년에 OECD는 선진 14개국(일본, 캐나다, 미국, 벨기에, 영국, 덴마크, 프랑스, 독일, 그리스, 아일랜드, 이탈리아, 네덜란드, 포르투갈, 스페인)의 일반 시민을 대상으로 과학적 지식과 과학기술에 관한 관심도를 조사했다. 그 결과를 보면 과학에 대한 깊은 지식이나 어느 정도의 지식이 14개국 중 13위로 포르투갈에 이어 두 번째로 낮았다. 또한 과학기술에 흥미가 없는 시민의 비율과 과학기술에 착안하고 있는 시민의 비율도 14개국 중에서 최하위였다(예를 들어, 1위인 미국에서는 50% 이상의 응답자가 "과학에 관심이 있다"고 한 것에 반해, 일본은 20%에도 못 미치고 있다).

즉, 초등학생과 중학생의 학력은 세계에서도 최고 수준이지만 일반 시민의 과학적 교양이나 과학에 대한 관심은 선진국 중에서도 최하위라는 것이 일본 학력의 실태이다. 지금 논의되고 있는 초·중학생의 학력저하보다도 성인 쪽이 훨씬 심각한 수준이다.

셋째로, 학력의 질 문제이다. 앞의 IEA 조사와 문부과학성, 국립연구소의 조사를 종합해 보면, 일본 학생들은 계산 문제나 사실의 암기를 묻는 기초적 지식에 대해서는 좋은 성적을 내지만, 창조적인 사고나 과학의 본질을 묻는 문제와 환경 문제에 대해서는 세계 평균이거나 평균 이하의 성적이다. 기초적 사실의 정답률이 높고 창조적인 사고나 발전적 사고에 관한 성적이 낮은 것은 다른 나라도 마찬가지이지만, 각국의 정답률을 비교하면 일본 학생들의 약점이 기초보다는 응용이나 발전 영역에 있음을 분명하게 알 수 있다. 학생들의 학력 특징은 아니지만, IEA의 조사에서 교사가 교육내용을 자신 있게 가르치고 있다고 느끼는 학생의 비율이 일본은 다른 나라에 비해 아주 낮다는 것도 지적하고 싶다.

네 번째로, 배움으로부터의 도주라고 할 수 있는 현상이다. 일본의 학생들은 초등학교 고학년부터 중·고등학교에 걸쳐 대다수가 학교 공부를 혐오하고 공부로부터 도망치고 있다. 과거의 일본 학생들은 세계의 다른 어떤 나라의 학생들보다 의욕적으로 열심히 공부했지만, 지금은 세계에서 가장 공부를 싫어하고 공부하지 않는 아이들로 전락했다. 여러 조사자료를 보면 배움으로부터의 도주가 학력저하보다 더 심각함을 알 수 있다.

1995년의 IEA 조사결과에 의하면 일본의 중학생은 수학에서 41개국 중에서 체코 다음으로 '싫다'와 '아주 싫다'가 많고, 이과에서는 '싫다'와 '아주 싫다'가 가장 많은 나라로 나타났다. 더욱이 1995년과 1999년 조사를 비교하면 두 과목 모두 '싫다'와 '아주 싫다'가 증가하고 있다. 특히 수학에서는 1995~1999년에 '싫다'가 36%에서 38%로, '아주 싫다'가 11%에서 14%로 변해 겨우 4년

사이에 '싫다'는 비율이 5포인트나 증가하였다.

학교 외 학습시간을 조사해 보면 '배움으로부터의 도주' 현상은 더욱 뚜렷하다. 1995년의 IEA 조사에서 중학교 2학년생의 학교 이외의 학습시간에서 세계 평균은 3.0시간인데, 일본은 2.3시간(과외시간을 포함하여)으로 비교 가능한 37개국 중 20위였다. 상황은 더욱 악화되고 있다. 1999년 조사에서는 〔표 4〕에서 보는 바와 같이 일본의 중학교 2학년생의 학교 이외의 학습시간은 1.7시간으로 줄어 37개국 중 35위로 전락했다.

이러한 급격한 변화는 다른 조사에서도 나타난다. 도쿄도 생활문화국의 생활실태조사를 보면 1992년에는 도내 중학교 2학년생 중에 가정에서 전혀 공부하지 않는 학생이 27%였으나 6년 후인 1998년 조사에는 그 비율이 43%까지 증가했다. 고등학생도 사정은 마찬가지이다. 일본청소년연구소의 2000년 조사결과를 보면 고등학생의 42%가 학교 이외에서는 전혀 학습하지 않는 것으로 나타나 있다.

장기간에 걸친 중학생의 변화를 조사한 것으로 후지사와(藤澤)시의 교육문화센터가 1965년부터 5년마다 지역 내 중학교 3학년생 전원을 대상으로 실시하는 '학습의식조사'가 있다. 1965년은 저자가 중학교 3학년이었을 때이다. 이 조사를 보면 현재 50세가 되는 저자 세대부터 요즘의 중학교 3학년생의 학습의식 변화를 알 수 있다.

[표 4] 국제교육달성도평가학회의 조사결과로 본 중학생의 학교 외 학습시간

나라/지역	총공부 시간 (H)	공부하는 학생 비율 (%)	나라/지역	총공부 시간 (H)	공부하는 학생 비율 (%)
호주	2.0	74	라트비아	3.0	89
벨기에(플라만어권)	2.9	86	리투아니아	2.8	89
불가리아	3.0	74	마케도니아	3.4	90
캐나다	2.2	78	말레이시아	3.8	94
칠레	2.4	75	몰디브	3.3	83
타이완	2.0	55	모로코	3.1	77
키프로스	2.8	79	네덜란드	2.2	89
체코	1.9	74	뉴질랜드	2.0	76
영국	–	–	필리핀	3.3	88
핀란드	1.8	90	루마니아	3.4	77
홍콩	1.6	53	러시아	3.1	89
헝가리	2.8	90	싱가포르	3.5	90
인도네시아	3.0	83	슬로바키아	2.3	88
이란	4.0	92	슬로베니아	2.5	85
이스라엘	2.7	79	남아프리카공화국	3.1	71
이탈리아	3.6	91	태국	2.9	88
일본	1.7	59	튀니지	3.6	82
요르단	3.7	87	터키	3.5	90
한국	1.6	50	미국	2.1	72
			국제평균	2.8	80

가정에서의 학습시간을 보면 1965년부터 2000년에 걸쳐 '매일 2시간 이상'이 20.8%에서 13.8%로 감소하고 '거의 공부하지 않는다'가 1.6%에서 11.9%로 증가했다. '매일은 아니지만 때때로 공부한다'와 '거의 공부하지 않는다'의 비율 합계는 31.8%에서 51.4%로 증가했다. 이 조사를 보면 1975년의 수치가 가장 높게 나타나는데, 이는 학습지도요령이 어려워지고 고교입시가 격화된 시대적 배경을 생각할 수 있을 것이다.

또한 자료의 학습의욕 조사결과는 중학생의 학습의식 변화를 단적으로 보여준다. '더 공부하고 싶다'라고 응답한 학생은 1965년에는 65.1%인 데 반해, 2000년에는 23.8%로 격감했다. 반대로 '공부는 하고 싶지 않다'고 답한 학생의 비율은 1965년의 4.6%에서 2000년 28.8%로 격증했다(후지사와 시 교육문화센터, 『학습의식조사보고서』, 2001년).

다섯 번째로, 학력의 위기는 학력저하가 계급과 계층에 침투하여 계층 간의 학력 격차를 확대재생산하고 있다는 점이다. 가리야 다케히코(苅谷剛彦) 도쿄대학 교수는 1979년과 1997년의 고등학교 2학년생의 조사를 비교하여 어머니의 학력이 낮아질수록 학생의 학교 이외의 학습시간이 감소하고 있다는 사실을 밝히고 있다(가리야 다케히코「학력위기와 교육개혁」, 『중앙공론(中央公論)』 2000년 7월호). 배움으로부터의 도주가 계급이나 계층이 낮은 아이들에게 강하게 작용하여 계급이나 계층의 문화 격차가 확대되고 있다는 현실을 가리야 교수의 조사에서도 확인할 수 있다.

IEA 조사에서도 일본은 선진국 중에서 유일하게 학년이 올라갈수록 남녀의 학력 차가 확대된다는 특징을 보인다. 학력저하 현상은 계급·계층의 학력 차를 확대하고 있을 뿐 아니라 성별 학력 격차를 확대시키고 있다는 사실에 주목할 필요가 있다.

여섯 번째로, 학력의 위기이다. 대학생의 학력저하는 니시무라와 도세의 조사를 필두로 많은 조사결과로 확인할 수 있다. 이에 대해 상세하게 보고할 필요는 없으리라 생각한다.

이상으로 현재 신뢰할 수 있는 조사결과로부터 지적할 수 있는 학력위기를 둘러싼 6가지 양태를 시사했다. 다시 한 번 개괄하여 정리해 보면 다음과 같다.

첫째, 일본의 초·중학생의 학력은 국제비교조사에 한해서 말하자면, 과거보다 저하되었지만 지금도 세계 최고 수준을 유지하고 있다.

둘째, 일본의 초·중학생의 학력은 세계 최고 수준이지만, 일반 시민의 과학적 교양이나 과학에 대한 관심은 선진국(14개국) 중에서 최하위에 속한다. 초·중학생의 학력저하보다도 성인들의 교양 쇠퇴 현상이 훨씬 심각하다.

셋째로 일본의 초·중학생의 학력은 점수로는 세계 최고이다. 그러나 기초 내용에서는 고득점인 데 반해, 창조적인 사고나 발전적 사고, 자신의 생각을 표현하는 능력에서는 세계 평균 이하의 점수를 받고 있다. 일본의 초·중학생의 학력은 19세기 형의 기초학력 면에서는 뛰어나 지만 21세기 형 창조적 사고의 면에서는 약하다는 특징이 있다.

넷째, 학년이 올라갈수록 공부를 싫어하고 공부를 하지 않는 배움으로부터의 도주가 심각하다. 많은 조사자료는 아이들을 덮치고 있는 배움으로부터의 도주가 학력저하보다 훨씬 대규모로 이루어지고 있으며, 그 상태가 심각함을 보여주고 있다.

다섯째, 배움으로부터의 도주와 학력저하는 사회적으로 낮은 계급·계층일수록 심각하게 나타난다. 성별로는 남자보다는 여자에게 현저하게 나타나고 있다. 학력의 위기는 문화자본의 측면에서 계급·계층의 양극화를 촉진시킬 위험이 있다.

여섯째, 대학생의 학력저하는 많은 대학인이 지적하는 것처럼 점점 심각해지고 있다. 대학생의 학력저하는 앞의 5가지 측면을 지닌 학력위기의 결과이지만, 직접적으로는 대학 입시 과목의 삭감과 교양 과목의 해체 및 고등학교 선택 과목의 확대에 따른 결과에 지나지 않는다는 것을 이해할 필요가 있다.

왜 학력위기가 발생했는가

그러나 도대체 왜 이러한 학력위기가 발생했는가? 그 직접적인 원인이 문부과학성 교육정책의 실패에 있다는 것은 분명하다. 문부과학성은 1981년 이후, 여유교육을 내걸고 교육내용의 정선을 되풀이해 왔다. 1990년대에는 새로운 학력관을 도입하여 지식이나 기능보다는 관심, 의욕, 태도를 중시하는 평가방법을 도입하여 고등학교 입시에서도 학력보다는 내신을 중시하는 정책을 추진해 왔다. 그리고 1994년부터는 종합학과 고등학교를 신설하고 일반 고등학교에서도 선택 중심의 교육과정을 장려하여 교양교육을 해체하는 정책을 추진해 왔다. 또한 대학 입시를 다양화하여 1997년에는 센터 입시 과목을 18과목에서 31과목으로 늘려 입시생의 교양을 단편적으로 만드는 데 박차를 가했다. 그리고 2002년부터 실시되는(고등학교는 2003년부터) 학습지도요령에서 '정선(精選)이 아니라 엄선'이라는 말로 초중학교의 교육내용을 30%나 삭감하고 고등학교에서는 필수 과목도 '선택이수를 기본'으로 하여 사실상 보건체육을 제외한 모든 교과를 선택 과목으로 하는 개혁을 단행했다. 학력저하를 우려하는 사람들이 문부과학성을 격렬하게 비판하는 것은 당연하다고 생각한다.

그러나 문부과학성도 변명의 여지가 없는 것은 아니다. 여유교육이나 교육내용의 정선과 엄선, 새로운 학력관이나 학력보다는 인물을 중시하는 내신 중시의 고등학교 입시, 고등교육의 다양화, 선택 중심의 교육과정, 대학 입시의 다양화나 입시 과목의 삭감 등은 모두 국민과 정치가가 요구한 것이라는 반론을 내세울 수 있을 것이다. 이 반론도 타당하다고 생각한다.

학력저하론이 나오기 전까지 문부과학성은 이와는 반대의 비판을 받았다. "일본의 교육은 지육(智育, 지능을 계발하고 지식을 습득하고 적용하는 목적을 지닌 교육) 편중으로 지식의 주입식 교육이다", "교육내용이 너무 많아 낙제생이 대량 발생하고 있다", "입시경쟁의 압력이 비행과 학교폭력의 원인이 되었다", "획일적 교육이 개성을 없애고 있다" 등 지금까지 학력저하론과는 전혀 다른 비판을 받아 왔는데 이에 대응하기 위해 열심히 개혁을 추진해 온 것이다.

그러나 학력저하를 주장하는 사람들의 비판이 옳고 문부과학성의 정책이 잘못된 것이라 하더라도 학력향상을 위해 주입식 교육을 부활시킬 수는 없으며, 기초학력의 철저를 위해 학교 교육이 연습학습 일색으로 되어서는 안 될 것이다. 또한 수십 년 전의 입시경쟁을 부활시킬 수도 없는 노릇이며, 입시경쟁을 부활시키는 것 자체가 그다지 바람직하다고 볼 수 없다.

학력저하를 우려하는 사람 중에는 지식의 주입과 읽고, 쓰고, 셈하기의 반복연습을 학교에 요구하는 경우도 있지만, 그 같은 제안은 시대착오적이며 그런 교육이 실현된다 하더라도 아이들은 더욱더 배움으로부터 도주할 뿐이다. 학력저하를 지적하는 사람들의 최대 약점은 문부과학성의 정책은 격렬하게 비판하면서도 학력향상을 위한 교육은 복고적이라는 데 있다.

다시 말해, 학력저하론으로 문부과학성을 비판하는 사람들도, 그 비판에 대응책을 강구하는 문부과학성도 왜 이렇게 학력의 위기가 발생하였으며 그 위기를 극복하기 위해서는 어떤 개혁을 추진해야 하는지 제대로 인식하지 못하고 있다는 것이다. 바로 여기에 학력위기를 둘러싼 문제의 핵심이 내재되어 있는 것이다.

위기의 배경 – 학력신화의 붕괴

사회가 지닌 학력의 척도

학력의 위기는 왜 발생하였을까? 그리고 아이들은 왜 이렇게 배움으로부터 도주하는 것일까? 이 문제를 이해하기 위해서는 현대사회의 격심한 변화와 학력과의 관계를 알아볼 필요가 있다.

여기에서 다시 학력을 정의하고자 한다. 앞에서 학력 개념에 혼란을 초래한 것은 학력을 achievement(학습에 의한 도달) 실체로 보지 않고 힘(力)이라는 기능으로 보기 때문이라고 지적하였다. 그리고 나아가서는 힘(능력, 권력)이라는 기능을 학력의 실체로 보는 데에서 학력 개념을 둘러싼 혼란이 조장되고 있음을 지적하였다.

achievement라는 원어에 충실하게 학력을 학교에서 가르치는 내용의 학습에 의한 도달로 정의했다. 이 정의는 학력의 실체를 표현한 것이다. 그러나 사회와 학력의 관계를 이해하기 위해서는 학력의 기능을 다시 정의할 필요가 있다.

학력을 힘(power: 능력, 권력)으로 여긴다는 것은 학력의 사회적 기능을 표현하고 있다는 말이다. 학력을 소유하는 것은 어떤 형태의 능력을 소유하는 것이며 권력을 가지는 것이기 때문이다. 나는 이 학력의 기능을 화폐와 같은 기능으로 이해하고 있다. 의외라고 생각할지 모르겠지만, 3가지 측면에서 학력은 화폐다.

첫째, 학력은 평가 기준으로 기능한다. 화폐는 다양하고 이질적인 것을 수량적으로 비교하여 값을 매기고 가치를 부여한다. 마찬가지로 학력도 다양하고 이질적인 학습 경험을 일정하고 균질적인 척도로 값을 매기고 가치를 부여하는 기능이 있다. 음악학습의 경험과 영어학습의 경험, 이과학습의 경험 등을 같은 점수로 나타내고 종합·비교하는 것에 의문을 가져 본 적이 없는가? 학력은 오히려 다양하고 서로 다른 학습경험을 동일 척도로 값을 매기는 평가 기준으로 작용한다는 것에서 기능적 의미를 갖는다.

둘째, 학력은 교환수단으로 기능한다. 화폐는 누구나 갖기를 원하는 유일한 상품이다. 예를 들어, 수요와 공급의 관계에서 일치가 이루어지지 않아도 물건과 물건을 간접적으로 매개하는 교환관계를 실현시키는 기능이 있다. 화폐는 물물교환으로는 우연히 실현될 수밖에 없는 교환관계를 일거에 확대시키고 합리화시켰다. 마찬가지로 학력은 누구나 원하는 능력이라는 측면에서 입시시장이나 노동시장의 교환수단으로 기능하고 있다. 학력은 입시나 고용에서 서로 일치하지 않는 채용자의 요구와 지원자의 능력관계를 간접 교환하여 합리화시키는 기능을 발휘한다.

셋째, 학력은 저축수단으로 기능한다. 화폐는 저축 자체를 원하는 유일한 상품이라는 점에서 경제활동에 계획성과 계속성을 부여한다. 이를 통해 더 큰 투자라는 욕망의 경제활동을 촉진한다. 마찬가지로 학력도 저축 자체를 원하는 교육 개념이라는 점에서 학습활동에 계획성과 계속성을 부여하고, 나아가서는 저축 욕망이 투자로 작용하여 교육활동의 기반이 된다.

이처럼 학력은 기능적인 측면에서 보면, 화폐와 똑같은 기능을 가지고 있다.

학력이 화폐라는 것은 관념에 의해 추상화된 상상의 산물이며 경제사회의 상황에 따라 실질 이상의 가치를 가지는 경우도 있고, 실질적이지 못한 화폐가 쓰레기나 다름없는 것처럼 가치가 순식간에 사라질 위험성이 있음을 의미한다. 화폐의 가치가 통화시장에서 끊임없이 변동하는 것처럼 학력의 가치도 사회와 경제 상황에 따라 끊임없이 변한다.

저자는 오늘날 일본의 학력위기를 통화위기로서의 학력위기,

즉 학력신화가 붕괴함으로써 통화폭락에 비유할 수 있는 학력폭락이 발생하고 있다는 가설을 세워 이해한다. 이 가설이 사실이라면 지금 논의되고 있는 학력저하는 더 큰 위기의 도래를 알리는 하나의 전조에 지나지 않는 것이 된다.

학력신화가 유효한 사회

학력의 기능을 화폐로 정의하고 먼저 배움으로부터의 도주 배경에 대해 고찰해 보자.

학교 외의 학습시간과 학생의 비율을 나타낸 1999년의 IEA 조사결과([표 4])를 다시 한 번 살펴보자. 일본(1.7시간), 타이완(2.0시간), 한국(1.6시간) 등 동아시아 지역 학생들의 학교 외 학습시간이 일반적으로 적다는 것을 알 수 있다. 학습하는 학생의 비율도 일본(59%), 타이완(55%), 한국(50%)은 세계 평균(80%)을 훨씬 밑돈다. 조사대상국 중 동아시아에 해당하는 나라로 싱가포르가 있지만, 싱가포르는 3.5시간으로 최고 수준이라고 할 수 있다. 그러나 싱가포르는 1995년 조사에서는 4.6시간으로 겨우 4년 동안 1.1시간이나 감소되었다는 것에 착안할 필요가 있다. 1995년과 비교해 보면 타이완은 조사에 참가하지 않아 비교할 수 없지만, 일본 0.7시간, 한국 0.9시간, 홍콩 0.9시간이 감소하여 이란과 키프로스를 제외한 다른 나라에서는 볼 수 없을 정도로 급격하게 학습시간이 감소했다.

즉, 배움으로부터의 도주는 동아시아 여러 나라의 특징적인 현상이다. 여기에서 주목해야 할 점은 싱가포르, 한국, 홍콩, 타이완, 일본 모두 학력성적은 1~5위를 독점하고 있는 나라라는 사실이다. 도대체 왜 동아시아의 학력성적은 세계 최고 수준을 독점하고 있는데, 배움으로부터 도주현상이 일어나고 있을까?

나는 배움으로부터의 도주를 단적으로 나타내는 동아시아의 교육위기를 동아시아형 교육위기라고 부른다. 여기에서 말하는 동아시아란 중국, 북한, 한국, 타이완, 홍콩, 싱가포르의 7개국을 의미한다. 일반적으로 동아시아라고 하면 말레이시아도 해당하지만, 종교적인 배경이나 역사적 배경을 고려하여 제외해도 무방할 것이다.

일본을 포함한 동아시아 국가들은 학력경쟁을 통해 사회이동을 활성화시키는 특이한 방법으로 교육과 산업의 압축근대화를 달성했다. 1980년에 일본의 고등학교 진학률은 94%, 전문대학을 포함한 대학 진학률은 37%에 달했지만, 유럽의 전일제 후기 중등교육의 보급률은 70%대, 교등교육 진학률은 10%대로 당시 일본보다 교육 수준이 높은 나라는 미국뿐이었다. 미국과 유럽 여러 나라가 수세기에 걸쳐 달성한 교육과 산업의 근대화를 일본은 단 한 세기 만에 따라잡은 것이다.

압축된 근대화는 한국과 타이완에서 더욱 급속도로 진행되어 일본이 1세기에 걸쳐 달성한 교육과 산업의 근대화를 겨우 반세기 만에 달성했다. 한국의 대학 진학률은 일본(50%)을 넘어서 60%에 달한다. 압축된 근대화를 달성할 수 있었던 비결은 학력경쟁을 통한 사회이동의 활성화에 기인한다. 동아시아는 학력경쟁과 입시경쟁을 통해 효율성이 높은 교육을 실현함으로써 교육과 산업의 압축된 근대화를 달성할 수 있었던 것이다. 세계 최고의 학력 수준은 바로 그 소산이다.

동아시아형 교육과 산업의 압축된 근대화가 제2차 세계대전 후 세계 시스템의 특수한 조건에 의해 이루어졌다는 것은 말할 필요도 없을 것이다.

냉전체제는 경제발전의 측면에서 보면 평등한 시스템이었다. 자본주의나 사회주의나, 선진국이나 개발도상국이나 냉전체제에서는 GNP(국민총생산) 연평균 약 4%의 경제성장을 이룩하였다. 그러나 동아시아는 한국전쟁과 베트남전쟁의 특수와 미국 군사전략 덕분으로 보호무역을 유지함으로써 GNP 연평균 10% 전후의 비약적인 경제발전을 이룩할 수 있었다. 일본의 경우, 안보조약으로 제2차 세계대전 이전에는 국가 예산의 30% 이상을 차지했던 군사비를 5~6%로 축소하여 경제발전에 막대한 국가 예산을 투입할 수 있었다는 점도 무시할 수 없는 중요한 요인이었다.

1970~1985년의 일본은 GNP 대비 4배 이상의 발전을 이룩했다. 한국도 마찬가지로 국민 1인당 GDP(국내총생산)가 1970년 겨

우 수백 달러였으나 2000년에는 1만 달러 가까이 급성장했다. 그러나 아이러니하게도 교육과 경제의 압축된 근대화의 정점에서 냉전체제가 붕괴하고 정치와 문화, 경제의 세계화가 확대되는 상황으로 인해 동아시아는 아시아의 위기라는 미증유의 경제위기에 빠지게 되었다. 한국이 대학 진학률 60%대에 국민 1인당 GDP가 1만 달러가 되는 시점에서 국내 경제의 붕괴로 IMF 관리체제에 들어간 것은 그 상징적인 예라고 할 수 있을 것이다. 과거에 비약적인 성공을 거둔 동아시아형 교육과 경제가 지금은 파탄과 위기의 상징이 되고 있는 것이다.

학력경쟁을 통한 사회이동의 활성화는 압축된 근대화가 진행될 때는 순조롭게 기능하였다. 그때는 학력이라는 통화가 실제 이상으로 가치를 지녔기 때문이다. 수십 년 전만 해도 일본은 아이들의 학습의욕이나 학교에 대한 신뢰, 교사에 대한 신뢰와 존경 면에서 세계 최고 수준이었다. 학력신화가 효력을 발휘하고 있었기 때문이다. 이러한 학력신화의 효력은 한국이나 타이완에서 더욱 크게 나타난다. 최근 들어서는 중국에서 강하게 작용하고 있다. 예를 들어, 한국의 고등학생들은 아침 7시부터 밤 10시까지 입시공부를 하고 있으며, 중국의 도시 고등학생들은 훨씬 더 심하여 아침 6시부터 밤 11시까지 학교에서 학습을 하고 있다.

그러나 동아시아형 교육은 교육의 근대화가 정점에 달하고 경제가 저성장시대로 돌입하면서 학력신화가 붕괴되자 순식간에 무너졌다. 지금까지의 IEA의 조사결과를 보면 학교 외의 학습시간으로 나타나는 학습의욕은 GDP의 증가율과 밀접한 상관이 있음을 알 수 있을 것이다. 일본의 아이들이 고도경제성장기에 세계에서 가장 의욕적으로 학습했던 것도, 현재 일본 아이들의 학습의욕이 세계 최하위 수준으로 떨어진 것도 GDP 증가율과 관련하여 이해할 수 있다.

압축된 근대화가 진행되는 시기에는 대다수의 아이들이 상급학교에 진학하여 높은 학력을 취득함으로써 부모보다 높은 교육 수준과 사회적 지위를 획득하였다. 그러나 압축된 근대화의 종언으로 사태가 역전하여 학교 교육을 통해 높은 교육 수준과 사회적 지위를 획득할 수 없게 된 것이다. 학력신화의 붕괴, 즉 학력이라는 통화의 폭락이다.

학력과 사회의 갭

학력이라는 통화의 폭락은 학교와 가정(부모)에서만 일어난 것이 아니다. 기업과 학교 사이에서도, 국가와 학교 사이에서도 발생하고 있다. 동아시아형 교육은 산업주의 사회에 적합한 것이었다. 산업주의 사회는 피라미드형 노동시장을 형성하고, 이 노동시장과 동일한 피라미드형 학력사회와 학교 시스템은 압축된 근대화의 추진력으로 작용했다.

그러나 냉전체제의 붕괴에 따른 경제의 세계화로 일본을 포함한 선진국들은 산업주의 사회에서 포스트 산업주의 사회로 급격하게 변모하고 있다. 기업은 국민국가를 넘어 다국적 기업으로 바뀌면서 값싼 노동력을 찾아 해외로 진출하고 있다. 세계화로 인해 피라미드 노동시장의 기반이 해체된 것이다.

더욱이 산업주의 사회에서는 물건의 생산과 소비가 경제의 중심이었지만, 포스트 산업주의 사회에서는 정보나 지식의 교환과 대인 서비스 제공이 경제활동의 중심이다. 그래서 포스트 산업주의 사회를 지식사회라고도 한다. '물건의 생산과 소비' 대신에 '지식의 창조와 교류'가 경제의 중심이 되었다. 산업주의 사회에서는 발군의 효력을 발휘했던 동아시아형 교육은 포스트 산업주의 사회로 이행하면서 크게 어긋나고 있다. 기업과 학교에서도 학력신화가 붕괴하여 동아시아형 교육으로 형성된 학력이라는 통화가 폭락의 위기를 맞게 된 것이다.

국가와 학교의 관계에서도 동아시아형 교육의 학력은 더욱 복잡하고 심각하게 빗나가고 있다. 1980년대 중반의 나카소네(中曾根) 총리 이래, 일본의 국가 정책은 신보수주의와 신자유주의 정책을 기조로 하고 있다. 신보수주의는 세계화에 대항하여 국가 도덕과 가부장제를 고수하고, 신자유주의는 세계화에 영합하여 국가의 책임을 최소화하고 개인의 책임을 극대화하는 구조개혁을 단행하고 있다.

학력과 관련해서는 일본 특유의 복잡한 문제가 있다. 미국과 유럽의 신보수주의는 서유럽 중심주의의 국가주의 도덕을 복권하기 위해 고대 그리스 이후의 교양교육 전통을 부활시키는 개혁을 추진하고 있다. 그러나 일본의 신보수주의는 오히려 서양의 과학이나 교양, 민주주의 정신을 거부함으로써 일본의 전통문화에 바탕을 둔 내셔널리즘(nationalism)의 부흥을 꾀하고 있다. '마음의 교육'이나 '살아가는 힘', '여유'라는 번역 불가능한 말이 교육개혁의 표어로 기능하고 있다는 것은 신보수주의에 의한 내셔널리즘의 산물이라 할 수 있다. 학력보다 인물을 중시하고, 지식보다 태도를 중시하는 교육과정의 전환도 신보수주의 이데올로기에 따른 것이라 할 수 있다.

즉, 학력저하라는 공격을 받고 있는 문부과학성의 여유교육을 중심으로 한 교육정책은 신보수주의 이데올로기에 의해 추진된 정책이라는 말이다. 이런 전개에서도 알 수 있듯이 '동아시아형 교육'의 학력은 국가와 학교 사이의 골도 깊게 하고 있다.

따라서 학력 문제의 핵심은 동아시아형 교육을 극복하여 새로운 사회에 대응할 학력을 재정의하고 학력의 실질가치를 어떻게 되찾을 수 있는가에 있다.

그러나 동아시아의 교육은 복잡한 문제에 직면하고 있다. 예를 들어 교육내용의 30% 삭감, 초등학교 1~2학년에 생활과의 도입,

초등학교 3학년부터 중학교 3학년까지 주 3시간의 총합학습시간의 도입 등은 어느 나라의 교육개혁일까? 바로 2001년 3월에 중국의 교육부가 결정한 2003년 시행의 교육개혁이다. '지식과 기능'보다는 '관심, 의욕, 태도'를 중시한 새로운 학력관의 창조. 이는 한국, 타이완과 중국에서 1996년부터 추진하고 있는 교육개혁의 표어이다.

동아시아의 교육은 제2차 세계대전 이전의 일본식민지 정책하의 일본 교육을 모델로 발전했다. 여기에서 소개한 개혁을 보면 과거와 마찬가지의 식민지주의 교육개혁이라고 할 수 있을 것이다. 이는 결코 바람직한 것이라 볼 수 없다.

중국은 지금 연평균 9%에 가까운 GDP 성장률을 보이고 있어 압축된 근대화 과정에 있다고 할 수 있으나, 다른 동아시아 국가들은 세계화의 진행과 포스트 산업주의 사회로의 이행에 대처하기 위해 동아시아형 교육의 주문에서 탈출할 개혁을 모색하고 있다. 그러나 중국을 필두로 한국, 타이완에서도 일본의 교육개혁에 대한 번역 작업이 진행되고 있는 것에서 알 수 있듯이 어느 나라도 아직 유효한 활로를 찾지 못하고 있다.

여기에서 동아시아의 학력위기를 복잡하게 만든 하나의 요인으로 신식민지주의 이데올로기에 존재하는 특이한 이항대립의 개념구도를 지적하고 싶다. 새로운 학력관에 여실히 드러난 것처럼 신식민지주의 이데올로기는 과학과 생활, 과학과 도덕, 과학과 예술, 지식과 경험, 지식과 사고, 지성과 감정, 이성과 감성, 국가와 개인, 남자와 여자, 교사와 학생, 어른과 아이 등 일련의 이항대립의 개념구도로 구성되어 있다. '지식·기능 교육'과 관심·의욕·태도 교육'을 대립시키는 새로운 학력관은 그 대표적인 예라 할 수 있다. 가르치는 것과 배우는 것, 지도와 원조, 교사 중심의 수업관과 아동 중심의 수업관 모두 이항대립의 개념구도에 속박된 사고의 전형이다. 교과의 전통과 생활의 종합을 대립시키는 사고도 신식민지주의 이데올로기의 특징이라고 할 수 있겠다.

미국과 유럽의 교육개혁이나 교육담론에서 볼 수 있듯이, 이 이항대립의 개념구도로 교육개혁을 논하는 것 자체가 동아시아 교육에 뿌리 깊이 박혀 있는 식민지주의 체질임을 이해할 필요가 있다. 이 이항대립의 개념구도를 극복할 새로운 학력의 창조가 요구된다고 할 수 있겠다.

기초학력의 복고주의를
어떻게 극복할 것인가

기초학력이란 무엇인가

신기하게도 학력저하론을 주장하는 사람들과 이에 대응하는 문부과학성도 읽고, 쓰고, 셈하기의 기초학력을 교육의 중심과제로 삼고 있다는 점에는 일치하고 있다. 많은 교사와 교육학자들이 학력저하를 둘러싼 논의에 차가운 반응을 보이는 것은 바로 이 때문이다.

학력저하를 우려하는 논의는 언제나 교육의 혁신적 실천을 억압하는 보수 세력의 담론에서 나온다. 제2차 세계대전 이후 일본의 신교육에 대한 기초학력저하론이 바로 그것이다. 영국에서는

1970년대 후반에 노동당이 추진하는 아동 중심 교육에 대한 공격으로 기초학력저하가 대처를 중심으로 하는 보수 세력에 의해 문제시되었다. 미국에서도 1980년대 초반에 오픈스쿨과 다문화 교육을 억압할 목적으로 보수 세력의 기초로 돌아가기(back to the basic) 운동이 일어났다. 학력논쟁의 특징은 항상 보수 세력에서 비롯된다는 것이다.

그러나 과연 읽고, 쓰고, 셈하기가 기초학력일까? 학교에서 배우는 지식이나 사회에 참여하기 위해 필요한 지식이 언어와 기호의 조작으로 구성되었다는 의미에서 읽고, 쓰고, 셈하기를 기초학력이라고 할 수 있을 것이다. 언어나 기호의 조작능력을 획득하지 않고는 어떤 배움도 발전시킬 수 없다. 그러나 읽고, 쓰고, 셈하기를 한자를 읽고 쓰는 능력이나 계산 능력의 습득으로 본다면 이는 기초학력이라고 할 수 없을 것이다. 원래 읽고 쓰는 능력은 단순한 식자 능력 이상의 의미를 내포하기 때문이다.

예를 들어, 편지를 쓸 수 있다는 것은 글씨를 쓸 수 있다는 뜻이 아니라 편지라는 양식의 문체와 표현을 활용할 수 있다는 의미이다. 편지는 먼저 계절 인사부터 시작하지만, 어떤 관용어를 머리말에 쓸 것인가에 따라 30가지가 넘는 한자 예문이 존재한다고 한다. 계절 인사뿐이 아니다. 편지의 모든 문장, 모든 말이 30가지가 넘는 한자 예문을 기본으로 한다. 편지를 보고 "글이 사람이다"와 "글을 읽으면 근본을 알 수 있다"라고 하는 것은 편지에 그 사람의 교양이 드러나기 때문이다. 나의 조모는 메이지(明治) 초년에 사범학교를 졸업하고 교사생활을 하였는데, 유년기에 사서오경(四書伍經)을 배워 90살이 넘어서도 "요즘 사람들은 편지 하나 제대로 못 쓴다"고 불평하시곤 했다. 모리 오가이(森鷗外)는 여섯 살에 벌써 사서오경을 암송하였다고 한다. 모리 오가이나 나쓰메 소세키(夏目漱石) 등 메이지 시대의 문인이나 교사는 한자 예문의 교양을 갖추고 있어 그 교양을 기초로 편지를 쓸 수 있었다는 말이다. 물론 이 같은 한자 소양은 우리 부모세대에서 완전히 사라졌지만, "편지를 쓸 수 있다"는 본래의 의미와 읽고, 쓰고, 셈하기가 교육의 중심이어야 한다는 본래의 의미는 오늘날 상당히 다르게 이해해야 할 필요가 있다.

"편지를 쓸 수 있다"의 본래 의미인 읽고, 쓰고, 셈하기를 '리터러시(literacy)'라고 한다. 리터러시는 식자 능력이라고 번역되고 '일리터러시(illiteracy)'는 비식자 또는 문맹이라고 번역되는데, 이것이 오해를 불러일으키고 있다. 리터러시라는 말의 용법은 17세기 영국에서 처음 나타났는데, 그때의 리터러시는 셰익스피어의 희곡을 읽고 이해할 수 있다는 의미였다. 요즘 미국에서도 보통 리터러시란 '기능적 리터러시'라 하여 식자와는 구별된다. 사회인으로서 필요한 최소한의 공통교양을 의미하는 것이다. 구체적으로는 신문을 읽고 이해할 수 있는 능력을 가리킨다. 따라서 리터러시의 어원은 '공통교양'이라는 번역이 적절할 것이다.

이 리터러시라는 말은 기초학력이라는 의미로 쓰인다. 미국 연방정부의 리터러시 기준은 19세기 중반에는 초등학교 졸업 정도의 교양, 1930년대에는 중학교 졸업 정도의 교양, 1950년대에는 고등학교 졸업 정도의 교양으로 오늘에 이르고 있다. 즉, 대중교육의 보급에 따라 리터러시(필요한 최소한의 공통교양)의 기준을 정하고 있다.

저자는 기초학력을 정의한다면, 리터러시 개념으로 정의하는 것이 타당하다고 생각한다. 요즘에는 거의 대부분의 사람이 고등학교를 졸업하므로 고등학교 졸업 정도의 교양을 '기초학력＝리터러시'라고 설정해야 할 것이다. 평생교육시대임을 감안하면 그것이 타당하다고 본다.

'학력은 밑에서부터'라는 오류

그러나 일본에서는 리터러시(공통교양)로서의 기초학력이 아니라 읽고, 쓰고, 셈하기에 한정된 기초학력(basic skills)의 의미로 사용되고 있다. 기초학력의 철저는 과연 교육에 효과적일까? 이 문제에 대해서는 1980년대 초 미국의 '기초로 돌아가기(back to the basics)' 운동에서 귀중한 교훈을 얻을 수 있다.

결론적으로 말해 이 운동은 복고주의 이데올로기를 학교 교육에 침투시켰다는 의미에서는 정치적으로 성공했지만, 학력저하 문제를 해결하지 못하고 오히려 청년실업자의 확대를 초래하여 교육적으로는 대실패로 끝났다. 실패 요인은 크게 두 가지로 요약할 수 있다.

하나는 기초적인 지식이나 기능일수록 반복적인 연습이 아니라 경험을 통해 기능적으로 습득된다는 점을 인식하지 못했다는 것이다.

다른 하나는 보다 근본적인 문제이다. 이 운동이 전개되던 1980년대 전반의 미국은 산업주의 사회(공업사회)에서 포스트 산업주의 사회(지식사회)로의 전환기였다. 1960년대 말에는 전 노동자의 79% 정도였던 블루칼라의 비율이 1990년대에는 10% 이하로 격감했다. 이러한 전환으로 기초학력으로 취직할 수 있는 단순 노동시장은 괴멸상태가 되어 실업자가 넘쳐나게 되었다. 기초학력 중시의 교육은 보수층의 정치의식은 만족시켰지만, 복합적이며 고도의 지식으로 조직되는 사회변화에 역행하는 개혁이었던 것이다.

따라서 미국의 교육개혁은 1980년대 중반 이후 기초학력의 철저가 아니라 교육내용 수준의 향상을 중심과제로 내걸고 있다. 『위기의 국가』(1983) 이후의 미국은 온 힘을 다해 교육내용의 지적 수준을 올리는 교육개혁을 실시했다. 1990년대 IT 혁명을 통한 정보산업으로 경제를 되살려 새로운 고용을 창출하는 지식 분야 기업을 지원하고 교육을 촉진함으로써 염원하던 실업문제를 해결한 것은 잘 알려진 사실이다.

미국의 기초로 돌아가기 운동의 실패 교훈은 많은 점에서 시사적이다. 제일 큰 교훈인 "기초적인 지식과 기능은 반복연습으로 습득되는 것이 아니라, 경험을 통해 기능적으로 획득된다"는 점에 대해 생각해 보자.

예를 들어, 초등학교 5학년 학생이 3학년 수준의 한자밖에 쓸 수 없다고 하자. 이 학생의 한자 기초기능을 높이기 위해 초등학교 3학년 수준의 한자를 노트에 반복해서 연습하게 하는 방법도 있을 것이다. 그러나 그보다는 그 아이가 낚시를 좋아한다면 낚시교본을 많이 읽게 하고 이를 다른 친구들에게 표현하게 함으로써 한자에 친숙해지고 한자를 사용할 기회를 주는 것이 더 효과적일 것이다. 초등학교 3학년 수준의 한자를 암기하고, 4학년 수준의 한자를 기억한 다음, 5학년 수준의 한자를 알게 하는 방법으로 순차적으로 한자를 습득한다 하더라도 그 한자를 접하고 사용할 기회가 없다면 바로 잊어버릴 것이기 때문이다. 차라리 한자를 잘 읽지 못하거나 틀리게 쓰는 경우가 있더라도 한자를 접하고 사용할 기회를 주는 것이 훨씬 효과적이다.

반복적인 연습학습이 중시되는 배경에는 되풀이해서 반복연습을 하면 정착될 것이라는 신화가 존재하는 것 같다. 기능 중에는 반복연습을 하면 무의식적으로 할 수 있을 정도로 정착되는 것도 있다. 예를 들어, 자전거를 타는 기능은 이런 학습의 전형이다. 어렸을 때 탈 수 있게 되면, 몇 년 동안 타지 않아도 몸이 그 기능을 기억하여 쉽게 탈 수 있다.

그러나 학교에서 배우는 지식의 대부분은 그렇지 않다. 구구단 등은 반복연습으로 정착되는 것처럼 보이지만, 사용할 기회가 없으면 바로 잊어버리고 만다. 어렸을 때 외국에서 산 경험이 있는 사람도 몇 년 지나면 외국어를 잊어버린다. 그러나 외국어의 발음이나 억양은 몸의 기억으로 정착된다. 지식이나 기능에는 반복연습을 통해 정착되는 것과 정착되지 않는 것이 있다는 말이다. 학교에서 배우는 계산방법이나 한자, 영어의 단어 등은 끊임없이 활용하는 경험을 쌓는 것이 중요하다. 한자나 계산을 처음으로 습득할 때에는 반복연습이 효과적이지만, 반복연습으로 습득했다고 해서 반드시 정착하는 것은 아니라는 점을 깨달아야 할 것이다. 거듭 말하지만, 기초적인 지식이나 기능은 경험을 통해 기능적으로 습득되는 것이다.

그렇다고 해서 암기나 암송이 전혀 무의미하다는 것이 아니다. 아니 오히려 그 반대이다. 예부터 "독서백편의자현(讀書百遍義自見), 즉 백 번 읽으면 저절로 뜻이 통한다"는 말이 있듯이 학습에 암기와 암송은 매우 중요하다. 모방을 통해 몸에 익히는 방법으로만 배울 수 있는 것이 있기 때문이다. 예술의 작법이나 배움의 기법, 스포츠 기능 등은 문화의 모방이 배움의 중심이며 암기나 암송 없이는 배울 수 없다. 그러나 교과서나 교본이 모방할 가치가 없다면, 암기와 암송은 백해무익하다는 것을 알아야 한다.

　기초학력에 관한 또 하나의 오류는 학력형성은 기초부터 차근차근 쌓아야 한다는 것이다. 거의 모든 교사와 성인들은 이 오류에 속박되어 있다. 문부과학성도 이 오류에 구속되어 교육내용을 30%나 삭감했다. 막히면 기초로 돌아가라는 것은 배움의 철칙이지만, 그 기초란 기본(fundamental)을 의미하는 것이지 결코 기초(base)로 끌어내리라는 의미가 아니다. 그러나 대부분의 교사가 아이들이 막히면 아래 수준의 내용으로 내려 가르치려 한다. 이는 교육에서 가장 치명적인 오류라고 할 수 있다.

　학력은 기초에서부터 형성되는 것이 아니라 오히려 위에서부터 끌어올려 형성되는 것이다. 교육심리학을 배운 사람은 비고츠키의 근접발달영역과 내화이론을 기억할 것이다. 이를 안다면 여기서 말하는 의미를 명확하게 이해할 수 있을 것이다. 학력을 형성하기 위해서는 자신이 알고 있는(할 수 있는) 수준으로 돌아가 축적하는 것이 아니라 자신이 모르는(할 수 없는) 수준의 내용을 교사나 친구들과의 커뮤니케이션을 통해 모방하고 이를 스스로 내화해야 한다.

　배움에 필요한 것은 모를(할 수 없을) 때 계단을 내려가 밑에서부터 올라오는 것이 아니라 친구와 교사의 원조를 통해 아는(할 수 있는) 방법을 모방하여 자신의 것으로 만드는 것이 중요하다. 배움에는 점프가 필요하다.

이는 많은 사례로 설명할 수 있다. 예를 들어, 초등학교 산수에서 가장 많이 막히는 부분은 분수 계산인데 분수 계산방법을 습득할 때 많은 아이들이 분수의 의미와 계산방법의 의미를 이해하지 못한다. 분수의 의미를 이해하여 그 계산의 의미를 깨닫는 것은 대개 비례를 배운 다음이다. 이번 학습지도요령의 개정으로 삭감된 내용에 사다리꼴과 다각형의 면적이 포함되어 있다. 실은 사다리꼴의 면적은 다양한 해법이 교차하여 가장 흥미롭게 전개되는 내용이다. 더욱 중요한 것은 많은 아이들이 사다리꼴 면적을 배우고 나서야 삼각형 면적의 계산방법을 깨닫는다는 것이다. 학력은 '밑에서부터'가 아니라 '위에서부터' 끌어올리는 것이다.

학력을 밑에서부터 쌓아 올린다는 이미지는 학력이 낮은 고등학교 교사 사이에도 뿌리 깊게 박혀 있다. 도시부의 저변(低邊)학교에 입학하는 학생들은 거의 초·중학교에서 '올(all) 가'에 가까운 성적의 아이들이다. 따라서 대부분의 교사가 그들의 학력을 초등학교 3학년 수준으로 판단한다. 그러나 학생들의 의식조사를 하면 학교에 대한 가장 큰 불만이 수업이 너무 쉽다는 것이다. 더 어려운 수업을 하면 좋겠다는 바람이 절실하게 표현되어 있다. 교사는 쉬운 수업을 하기 위해 필사적이지만, 학생들은 어려운 수업을 요구하는 것이다.

이 간격이 좁혀지지 않은 채 도시부의 저변학교에서는 50% 가까운 학생이 중도탈락한다. 이 간격을 없애기 위해 내가 협력하는 저변고등학교에서 입학 당시 학생들의 수학 학력을 조사했다. 그 결과를 보면 교사들의 예상과 달리 거의 대부분의 학생이 초등학교 6학년 수준의 학력을 가지고 있다. 그러나 중학교 1학년 수준은 절반, 중학교 2학년 수준은 1/3, 중학교 3학년 수준은 1/5 이하로 감소한다. 이 결과는 학력을 위에서 끌어올려야 한다는 것을 증명하는 것이라 볼 수 있다. 이 학교에서 만약 보통 수준 고등학교의 수업을 진행하면, 역시 수학성적 자체는 '가'가 나올지 모르지만, 졸업 때에는 중학교 3학년 수준까지 학력을 끌어올릴 수 있을 것이다. "더 어려운 수업을 하면 좋겠다"는 많은 학생의 절실한 목소리는 이유 있는 요구인 것이다. 다시 한 번 되풀이하지만, 배움에는 점프가 필요하다.

미국의 기초로 돌아가기 개혁의 실패에서 얻을 수 있는 또 하나의 교훈은 포스트 산업주의인 지식사회에서는 기초학력 수준으로는 취업할 수 없다는 것이다. 이는 일본에서도 매우 심각하다. 1990년대 이후 선진국의 교육개혁을 개관해 보면 기초학력의 철저를 추구하는 일본 문부과학성의 교육개혁이 얼마나 시대착오적인가를 절감하게 된다.

세계화의 진행으로 동아시아형 교육이 효력을 발휘했던 산업주의 사회는 끝났다. 그 단적인 현상이 피라미드형 노동시장의 해체이며 국내 단순노동시장의 붕괴에 따른 청년노동시장의 몰락이다.

지금 중국 공장노동자들의 임금은 일본의 약 1/40이다. 세계화로 일본 국내 노동시장의 주변부가 외국 노동시장에 의해 침식당하는 것은 당연하며 그 여파가 청년노동시장에 가장 심각한 타격을 주고 있다. 노동성(현재의 후생노동성) 조사에 의하면 1992년의 고졸 인구는 164만 명이었는데, 1996년에는 37만 명으로 격감하고 2001년에는 15만 명에 지나지 않는다. 겨우 10년 사이에 청년 노동시장의 90%가 감소한 것이다.

포스트 산업주의 사회(지식사회)를 살아가는 아이들에게 필요한 교육은 기초학력의 철저가 아니라 지식의 고도화와 복합화에 대응할 수 있는 질 높은 배움을 실현하는 교육이다.

문부과학성이 이대로 기초학력의 철저를 고집한다면, 1980년대 중반의 미국처럼 지적으로 높은 수준의 인재 수요가 확대되어 기초학력 수준의 인재는 고용할 수 없기 때문에 대량의 청년들을 실업으로 내모는 결과를 초래할 것이다.

어느 시대를 막론하고 아이들과 청년들은 시대변화에 민감하다. 아이들과 청년들 사이에 퍼지고 있는 배움으로부터의 도주는 커다란 사회변화 속에서 미래의 희망을 찾지 못한 데서 기인한다고 할 수 있다.

수준별 학습지도와 소인수 지도는 유효한가

효과가 의심스러운 수준별 학습지도

문부과학성은 학력저하를 막고 이를 극복하기 위한 히든카드로 수준별 학습지도와 소인수 지도의 도입을 추진하고 있다. 그러나 수준별 학습지도와 소인수 지도는 과연 학력의 위기를 해결할 수 있을까?

수준별 학습지도는 일반적으로 능력이나 도달도에 따라 지도를 한다는 점에서 유효하다고 한다. 수평적 획일주의를 고집해 온 문부과학성이 용기 있는 결단을 내려 수준별 학습지도를 도입했다고 환영하는 사람들도 있을 것이다. 그러나 수준별 학습지도는 결코 참신한 방법이 아니다. 수준별 학습지도는 학원에서는 오히려 당연하여 이를 도입하지 않은 학원을 찾아보기 힘들 정도이다. 왜 학원에서는 수준별 학습지도를 기본으로 하고 학교에서는 수준별 학습지도를 도입하지 않았을까? 그 이유는 4가지로 요약할 수 있다.

먼저, 1960~1970년대 영국의 능력별 편성(streaming)의 폐지에서처럼 수준별 학습지도는 공립학교가 입각하고 있는 민주주의에 반하는 차별 교육이기 때문이다. 하나의 교실이나 집단 안에서 각 학생이 진도나 능력에 따라 다양한 활동을 전개하는 것과 학습이해도나 능력에 따라 집단이나 반을 나누어 아이들을 조직하는 것은 결정적으로 다르다.

수준별 학습지도를 도입하려는 사람들은 이 차이를 전혀 이해하지 못하고 있다. 그 정도로 민주주의 감각이 둔하다는 말이다. 학교는 교과를 배우는 곳일 뿐 아니라 다양한 생각이나 개성을 배우는 곳이며, 다양한 능력과 개성을 가진 사람들과 더불어 살아가는 민주주의를 배우는 곳이다.

두 번째로, 수준별 학습지도를 도입해도 교사의 수가 늘지 않는다면 조직이 복잡해질 뿐이며 오히려 지도에 곤란을 초래하기 때문이다. 이는 쉽게 상상할 수 있을 것이다.

예를 들어, 초등학교에서 다섯 학급의 아이들을 산수와 이과에 한해 다섯 집단으로 학습이해도를 나누어 지도한다고 치자. 학습

이해도 하위집단을 담당하는 교사는 혼란에 빠지고 말 것이다. 이제까지는 자세하게 가르쳐야 할 학생이 겨우 몇 명이었을 뿐인데, 이번에는 교실 전체가 자세하게 가르쳐야 할 학생들뿐이다. 가르칠 내용이 상당히 낮다면 모르지만 아마도 대응하기가 어려울 것이다. 그러나 그렇게 되면 학력저하를 극복하기 위한 수준별 학습지도가 학력저하를 촉진하는 모순에 빠지게 된다.

또한 교사 한두 사람이 더 배치된다 하더라도 다섯 학급을 6~7개의 집단으로 나누어 지도하는 것은 조직적으로 복잡할 뿐 아니라 시험에 의한 평가의 공정성을 기하기 위해 진도를 맞추어야 된다. 학습의 이해도에 따르면서 진도를 맞춘다는 것은 모순이다. 아이들도 보통 교실, 수학교실, 과학교실에 따라 세 종류의 친구 관계를 만들어야 한다.

세 번째로, 학교수업과 학원수업을 비교하면 일목요연해지지만, 학교의 커리큘럼이나 수업은 소정의 지식과 기능을 단계적으로 배우는 학원과는 다르다는 점이다.

교육목표를 도달목표로 명시하고 학습과정을 소단위로 조직하여 학습결과를 도달 정도로 평가한다는 면에서 수준별 학습지도는 효과를 발휘한다. 단적으로 말하면, 자동차학원처럼 기능을 단계적으로 습득하는 학습에서는 이 지도법이 유효하다. 그러나 이는 산업주의 시대의 효율성을 원리로 하는 학습이며, 1970년대까지는 영향력이 지대했던 행동주의 심리학에 의한 학습 방법으로 세계적으로 이미 20년 전에 포기한 학습 방법이다.

학교수업을 참관해 보면 알겠지만, 오늘날 일본의 학교에서는 수업역량이 엄청나게 부족한 교사가 아니고는 학원과 같은 수업은 하지 않는다. 수업도 커리큘럼도 개개인의 도달목표가 아니라 교육내용의 주제를 중심으로 조직되어 있으며, 능력과 개성이 다양한 아이들이 함께 참여하여 서로 배우는 수업이 진행되고 있다. 현실적으로 수준별 학습지도가 상정하고 있는 학습은 오늘날의 학교학습과는 거리가 멀다.

네 번째로, 이 지도법이 학교에 도입되지 않은 가장 큰 이유는 이 방법이 그리 효과가 없다는 점이다. 수준별 학습지도와 능력별 지도를 통한 학습의 개별화는 1960~1970년대에 세계 각국의 수업개혁 중심과제로 교육학과 교육심리학 연구의 중심테마 중 하나였다. 셀 수 없을 만큼 많은 실험이 이루어졌고 수도 없이 많은 연구논문이 집필되어 교재, 지도, 평가방법이 개발되었다.

그러나 현재에는 수준별 학습지도나 능력별 지도를 교육개혁으로 추진하는 나라는 거의 없다. 수준별 학습지도나 능력별 지도를 적극적으로 연구하는 교육학자나 교육심리학자도 없다. 현재의 교육개혁과 교육연구의 추세는 수준별 학습지도, 능력별 학습의 개성화가 아니라 그 폐지이며 다양한 능력과 개성을 가진 학생들에 의한 학습의 협동화이다. 여기에서도 문부과학성의 정책이 시대착오적이며 세계의 추세에 역행하는 독선적 방침임을 알 수 있다.

그렇다면 왜 1960년대와 1970년대에 그렇게 활발하게 연구·실시되었던 수준별 학습지도와 능력별 지도가 쇠퇴하여 폐지되었을까? 그 요인은 정치적·사회적·문화적으로 복잡하지만, 직접적으로는 그 효과가 실증되지 않았기 때문이다.

학습의 개별화는 크게 다음 두 가지 흐름으로 대별할 수 있다. 하나는 블룸(Bloom, B. S.)의 '완전학습(mastery learning)'이고 다른 하나는 크론바흐(Cronbach, L. J.)의 '적성-처치 상황작용(ATI)' 이론이다.

블룸 방식은 교육내용을 인지, 정의, 운동-생리의 세 영역으로 구분하고 1~12학년의 교육내용을 자세하게 나누어 도달목표로 분류하고(교육목표의 분류학), 그 도달목표를 학습 진도에 따라 세분하여 그 교육과정을 학습과정에서 형성·평가함으로써 모든 학생들이 교육내용을 완전히 학습할 수 있도록 개별화된 지도를 실현하려는 것이다.

한편, 크론바흐의 방식은 학습자의 적성(aptitude)과 수업의 처치(treatment) 매트릭스를 만들어 두 요소의 상호작용을 최적화(optimization)함으로써 학습을 좀 더 효과적으로 진행하려는 것이다. 즉 교재나 학습 방법, 교사의 지도 등의 수업 처치와 학습자의 적성 사이에 최적화된 조합이 있다는 가정에서 출발한다.

두 방식 중에서 문부과학성이 추진하려고 하는 것은 블룸의 방식이다. 블룸은 적어도 90% 이상의 아이들이 학교의 교육내용을 완전히 습득할 수 있도록 하기 위해 막대한 에너지를 완전학습 실현을 위해 쏟아부었다. 그러나 전혀 성공하지 못했다. 시카고 시의 게토(ghetto, 흑인거주구)학교를 방문하면 블룸의 실험과 조사에 사용했던 개인별·수준별·학습지도별 교재와 테스트, 책상, 의자가 창고에 쌓여 있다. 블룸이 사용한 개인별 책상과 의자 대신에 지금 이 지역학교의 교실에는 풍부한 교재와 자료, 협동학습 테이블이 준비되어 있다. 흑인 아이들을 저학력에서 구하는 것은 블룸이 연구한 수준별 학습지도 프로그램이나 지도법이 아니라 아이들이 배우는 교실이며, 교사이며, 친구인 것이다.

소인수 지도는 어떻게 도입되었는가

문부과학성이 내놓은 또 다른 대안인 소인수 지도는 학력위기를 극복하는 데 과연 유효할까? 이 답도 자명하다. 현재의 학급당 40명이라는 악조건의 교실지도보다는 소인수 지도가 효과가 있을 것이 뻔하기 때문이다. 예를 들어 초등학교에서는 산수와 이과, 중학교에서는 수학, 이과, 영어에 한정되어 있다고는 하지만 학급당 20명 규모의 소인수 지도의 도입이 유효하리라는 반응은 당연하다.

그러나 문부과학성이 추진하는 소인수 지도는 이에 맞는 교사 수를 확보하려고 하지 않는다. 문부과학성은 학급당 40명이라는 지구 상의 일부(동아시아)에서나 볼 수 있는 악조건을 개선할 책임을 포기하고 있다. 지방분권화시대이니 각 지방의 예산으로 하라는 것이다.

실제, 예를 들어 니가타(新潟) 현에서는 유사한 개선책이 실시되고 있지만, 그 나머지에서는 니가타 현과 같은 교사 주도의 개선이 아니라 시간강사에 의한 개선이 실시되고 있다는 점에 유의할 필요가 있다. 현재 교원시험의 경쟁률은 13배이다. 물론 시간강사 중에도 훌륭한 교사가 많지만, 채용시험에 합격한 전임교사와 자격증만 있는 시간강사와는 그 자격과 능력 면에서 커다란 차이가 있다.

문부과학성이 추진하는 소인수 지도는 지금까지 전임교사를 채용하던 정원을 시간강사로 대체하여 실현시키려는 방책이다. 한 사람의 전임교원을 채용하는 예산으로 시간강사를 세 명이나 채용할 수 있다. 소인수 지도를 실현하기 위해서 문부과학성은 교원의 정수나 정원규정과 시간강사의 근무형태까지 바꿔 전임교사를 시간강사로 대체하려는 개혁을 추진하고 있다. 소인수 지도라는 명목으로 실제로는 전임교사의 정원에 대한 구조조정이 진행되고 있는 것이다.

시간강사의 확대는 퇴직교장의 특권을 유지하기 위해 고안된 것이다. 거의 대부분의 지방에서는 현재에도 퇴직교장에게 재임용의 특권을 부여하고 있다. 그러나 그 특권은 2002년부터 실시되고 있는 정보공개로 많은 시민의 비판을 받고 있다. 그래서 고안된 것이 소인수 지도를 퇴직교장을 포함한 시간강사로 실현시키려는 방안이다. 학력저하를 우려하는 목소리가 퇴직교장의 특권 유지에 활용되고 학교의 구조조정에 이용되는 경우가 어디 말이나 되는 소리인가? 그러나 사태는 그렇게 진행되고 있다.

다행히 현재 많은 지방의 교육위원회는 소인수 지도의 도입을 문부과학성의 계획대로는 추진하지 않고 있다. 교사의 고령화가 진행되어 한 사람이라도 더 젊은 교사를 전임으로 채용하는 것이 시급하기 때문이다. 그러나 몇몇 지방에서는 문부과학성의 계획대로 소인수 지도와 학급 정원의 개선을 시간강사로 대체하여 추진하고 있다. 학교의 장래와 교육의 질을 생각하면 큰일이라 하지 않을 수 없다.

1999년에 문부과학성은 대기업의 구조조정 대책으로 기업에서 구조조정당한 사람을 교사 자격증이 없어도 초등학교와 중학교 한 학교당 3명까지 받아들이기로 했다. 한 학교에 3명은 굉장한 숫자이다. 또 2001년부터 기업에서 구조조정당한 사람들과 퇴직교사를 중심으로 3년 동안 5만 명의 시간강사를 채용한다고 한다. 기업에서 해고당해 학교의 시간강사가 된 사람들의 수는 한 학교 4명이 된다. 거기에 소인수 지도를 위한 전임 포스트에 시간강사를 채용한다.

　문부과학성이 발표한 소인수 지도를 추진하면 대부분의 학교에서 교사 정원의 반이 시간강사가 된다. 그렇게 되면 학력저하는 물론이고 학교해체가 초래될 것이다.

아이들의 '배움'을 위하여

지금까지 학력저하를 둘러싼 논의를 검토하고 학력위기의 실태, 위기의 배경, 위기를 극복하고자 하는 시책에 대해 알아보고 현재 학력저하 대책에 대한 비판을 전개했다. 학력저하에 대한 검토를 통해 학력저하의 실태 자체보다 그 실태를 둘러싼 시책이나 정책이 오히려 더 큰 문제라는 것을 확인할 수 있었을 것이다.

마지막으로 모든 아이의 학력을 충분히 보장하고 아이들의 배움을 풍성하게 하기 위해 앞으로 추구해야 할 점을 제시하고자 한다.

아이들의 학력향상을 위해 무엇보다 중요한 것은 아이들을 창조적·탐구적인 배움의 주체로 키우는 것이다. 이를 위해서는 부모나 교사가 배움의 주체로 성장하고 행동하는 것이 중요하다. 배움에서는 아이들도 어른들도 없기 때문이다. 그 끈으로 이어졌을 때 아이들은 많은 어려움을 뚫고 끊임없이 배워 갈 것이다. 아이들과 가장 가까운 어른이 배움의 고통과 즐거움을 알고 배움의 주체로서 신중함과 탐구심을 키우지 않으면 아이들은 배우는 방법을 깨닫기 힘들 것이다.

학력위기의 바탕에는 배움에 대한 허무주의(nihilism)와 냉소주의(cynicism)가 있으며 일본 사회 전반적인 교양의 해체가 있다. 배움으로부터 도주는 일본 사회의 심각한 병리를 아이들이 솔직하게 표현하는 현상에 지나지 않는다. 앞에서도 아이들의 학력저하보다도 일반 시민인 성인들의 교양해체가 훨씬 심각하다는 점을 지적했다. 아이들의 위기를 소리 높여 외치기 전에 우리 어른들의 위기에 대해 인식할 필요가 있다.

아무리 학력저하론을 주장하고, 아무리 교육행정이 기초학력의 철저를 추진해도 아이들은 동아시아형 교육의 복고주의적인 공부의 세계로 회귀하지는 않을 것이다. 공부의 시대는 끝났다. 아무리 공부를 열심히 해도 행복도 없고 희망도 없다는 것을 아이들은 시대의 감수성으로 민감하게 느끼고 있다. 아이들은 공부의 세계와 떨어져 배움의 세계를 찾아 방황하고 있다. 시대의 전환점에 살고 있는 아이들과 청년들의 고독과 고통에 우리 어른들이 더 많은 상상력을 발휘해야 할 것이다. 그리고 지금까지 공부의 세계에서 살아온 부모와 교사들이 아이들의 미래에 존재할 배움의 세계를 전망하는 것 자체가 굉장히 어려우리라는 것을 자각해야 된다.

공부의 세계는 아무도 만나지 않고 아무것에도 부딪치지 않고 스스로를 깨닫지 못하는 세계이며 쾌락보다 고통을 존중하고 비판보다는 순종을, 창조보다는 반복을 중시하는 세계였다. 공부의 세계는 장래를 위해 현재를 희생하는 세계이며, 그 희생의 대가를 재산이나 지위, 권력에서 찾는 세계였다. 또한 공부의 세계는 사람과 사람의 끈을 끊어 버리고 경쟁을 부추겨 사람과 사람을 지배와 종속관계로 몰아가는 세계였다. 지금의 아이들은 이러한 공부 세계의 바보스러움을 잘 알고 있다.

이에 반해 배움의 세계는 대상이나 타자 그리고 자기와 끊임없이 대화하는 세계이다. 자기를 내면에서부터 허물어뜨려 세계와 확실한 끈을 엮어가는 세계이다. 고독한 자기성찰을 통해 사람들의 연대를 쌓아 올리는 세계이다. 보이지 않는 땅으로 자신을 도약시켜 거기에서 일어난 일을 자신의 것으로 연결하는 세계이다. 그리고 자기 행복을 위해서 뿐만 아니라 행복으로 이어지는 많은 타자와 함께 행복을 탐구해 가는 세계이다. 이런 배움의 세계 입구에 아이들과 같이 서 있다고 해도 과언이 아닐 것이다. 앞으로 아이들과 더불어 아이들과 함께 배워가는 것, 그 실천 이외에는 방법이 없다.

그러나 다음 세대를 짊어질 아이들의 배움을 지원하기 위해서 어른이 해야 할 일도 많다. 예를 들어, 아이들을 배움의 세계로 이끌기 위해서는 학급당 40명이라는 정원을 하루빨리 개선하지 않으면 안 된다. 교과서와 칠판을 중심으로 일제 수업을 하고 책상과 의자가 하나씩 떨어져 앞만 바라보는 교실은 지구 상의 일부(동아시아)에서만 찾아볼 수 있는 현상으로 그 밖의 나라에서는 박물관에서나 볼 수 있다. 세계의 교실은 초·중·고등학교에서도 몇 개의 테이블로 조직되어 본질적인 테마를 중심으로 서로 협동하여 깊이 있게 탐구하고 배우는 장소로 변하고 있다.

교과서도 개정되어야 할 것이다. 잡지처럼 얇고 내용도 없는 사실만을 늘어놓은 교과서는 공부 시대의 유물이다. 배움으로 이끌고 배움을 촉진하는 교과서는 질이 높을 뿐 아니라 과학이나 예술의 정수가 넘쳐나는 교과서이어야 한다. 미국과 유럽의 교과서는 일본의 교과서보다도 몇 배나 두껍고 내용도 풍부하다. 일본의 교과서는 초·중학교의 경우 개개인에게 무상으로 배포되지만, 미국과 유럽처럼 학교의 비품으로 대출한다면 현재의 예산만으로도 권당 4배의 예산을 배분할 수가 있다.

아이들에 대한 평가도 개선될 필요가 있다. 아니, 더 나아가 아이들에 대한 평가를 폐지해야 한다. 아이들을 창조적·탐구적인 배움의 주체로 키우는 데 다른 사람과 비교·평가하여 칭찬하고 질타하는 기능을 가진 평가활동은 오히려 유해하다. 배움에 대한 평가는 배움의 경험 자체에 대한 충실감과 배움의 희로애락을 공유하는 친구와 교사, 부모의 승인과 격려로 충분할 것이다. 그리고 아이들의 배움을 보다 풍성하게 하기 위해서는 교실에서의 아이들 서로 간의 배움을 보다 풍부하게 할 필요가 있다.

교실을 관찰해 보면 아이들끼리 서로 배우는 관계가 교사의 지도력보다 5배 이상의 힘을 발휘한다는 것을 알 수 있다. 지금까지 1만여 개가 넘는 교실을 관찰했으나 교사의 지도력으로 학력저하를 극복한 아이들은 전무할 정도이다. 그러나 서로 배우면서 학력저하를 극복한 아이는 수도 없이 많다.

저자가 관찰한 모든 교실에서 교사보다는 아이들이 위기에 처한 아이들에게 인내심이 강하고 관용적이다. 교사의 참을성에는 한계가 있다. 아이들의 허용력과 인내력 그리고 따뜻함에 나도 모르게 고개를 숙인 적이 한두 번이 아니다. 서로 배운다는 것은 따뜻함을 나누는 것이며, 다른 사람의 말에 귀를 기울이는 것을 토대로 이루어진다.

문부과학성이 할 일도 많다. 먼저 고등학교 입시를 폐지하는 것이다. 고등학교 입시경쟁이 공부의욕을 촉진하던 시대는 오래전에 이미 끝났다. 오늘날의 고등학교 입시는 아이들이 자신들의 가능성을 포기하고 배움으로부터 도주하게 하는 마이너스 기능밖에 없다. 이는 사회적으로 엄청난 손실이다. 동아시아형 교육으로부터의 탈피가 요구되는 지금, 첫걸음은 고등학교 입시의 폐지에서 시작해야 할 것이다.

대학인이 할 일도 많다. 학생의 학력저하를 한탄하고 문부과학성의 책임을 추궁하기 전에 학력저하의 희생양이 된 학생의 입장에서 교양교육의 충실을 꾀할 필요가 있다. 일본 사회의 교양이 해체위기에 직면하고 있는 현재, 이에 대한 가장 큰 책임은 대학인에게 있다는 것을 명심해야 한다. 일본 사회의 현실에 뿌리를 두고 교양을 대학인이 책임을 지고 부활시키지 않으면 안 될 것이다. 이러한 근본적인 문제를 어떻게 실행해야 할까? 학력저하의 당사자인 학생과 연대함으로써 길을 모색할 수 있을 것이다.

문부과학성과 대학이 연대하여 추진해야 할 일이 있다. 하나는 학교 교사가 대학원에서 공부할 기회를 대폭적으로 확충하지 않으면 안 된다. 아이들의 배움을 촉진하고 학력을 향상시킬 최대의 추진력은 교사의 교양이며 교육전문가로서의 식견이다. 교사의 배움을 촉진하고 지원하지 않고는 아이들의 배움을 촉진하고 지원할 수 없다.

또 하나는 고등학교 졸업 후에도 평생에 걸쳐 몇 번이라도 재출발할 수 있는 배움의 기회를 보장해야 한다는 것이다. 포스트 산업주의 사회(지식사회)에서는 아이들의 학력보다 성인의 학력이 더 중요하다. 요람에서 무덤까지 끊임없이 배울 수 있는 평생교육 시스템을 문부과학성과 대학이 연대하여 구축할 필요가 있다.

학력을 둘러싼 논의에서 한 걸음 더 나아가 실천으로 이어질 때, 일본 사회와 교육은 아이들과 함께 혼란과 혼미로부터 탈출할 수 있으리라 믿는다.

사토 마나부, 학교개혁을 말하다

초판 1쇄 발행 2016년 3월 31일
초판 2쇄 발행 2017년 7월 14일

지은이 | 사토 마나부
옮긴이 | 손우정, 신지원

발행인 | 김병주
출판부문대표 | 최윤서
편집장 | 허병민, 편집 | 박현조
디자인 | 디자인봄
마케팅 | 장은화, 김수경
펴낸 곳 | (주)에듀니티(www.eduniety.net)
도서문의 | 070-4334-2196
일원화 구입처 | 031-407-6368 (주)태양서적
등록 | 2009년 1월 6일 제300-2011-51호
주소 | 서울특별시 종로구 삼봉로 57 종로호수빌딩 4층

ISBN 979-11-85992-18-1 (13370)
값은 표지에 있습니다.

이 책은 저작권법에 따라 한국 내에서 보호를 받는 저작물이므로 무단 전재 및 복제를 금합니다.
이 책의 국립중앙도서관 출판시도서목록(CIP)은 www.nl.go.kr/ecip에서 이용하실 수 있습니다.

에듀니티 | 행복한연수원 원격연수 | happy.eduniety.net

30시간 2학점 원격연수

아이들에게 배움을 강요하고 있지는 않으세요?

[기본] **배움의 공동체**
수업이 바뀌면 학교가 바뀐다.

이 과정은 '**손우정 교수님과 함께하는 배움의 공동체 집중연수**' 현장 강의를 기초로
배움의 공동체의 철학과 원리, 실천방법을 충실히 다루고 있습니다.

배움의 공동체란?
- 01. 21세기 학교='배움의 공동체'
- 02. 배움의 공동체의 비전과 철학적 원리
- 03. 배움의 공동체 구축을 위한 선결과제
- 04. 국외 실천사례
- 05. 국내 실천사례

배움=대화적 실천
- 06. 배움의 재개념화: 배움=대화적 실천
- 07. 활동적인 배움
- 08. 협동적인 배움 I
- 09. 협동적인 배움 II
- 10. 표현적인 배움
- 11. 점핑이 있는 배움

교사의 수업 실천
- 12. 수업실천의 재정의: 기술적 실천에서 반성적 실천으로
- 13. 수업의 기본기예 I
- 14. 수업의 기본기예 II
- 15. 교사의 역할-듣기
- 16. 교사의 역할-연결짓기
- 17. 교사의 역할-되돌리기

수업사례연구
- 18. 수업의 임상적 접근=수업사례연구
- 19. 수업사례연구의 절차
- 20. 수업연구시스템의 구축

교내연수
- 21. 교내연수의 개혁
- 22. 수업사례를 중심으로 한 교내연수 I
- 23. 수업사례를 중심으로 한 교내연수 II
- 24. 교내연수의 실제

수업비평
- 25. 수업비평의 실제-초등학교
- 26. 수업비평의 실제-중학교
- 27. 수업비평의 실제-고등학교

배움의 공동체의 완성
- 28. 배움의 공동체의 완성: 학습참가
- 29. 배움의 공동체의 완성: 학습참가의 실제
- 30. 교사라는 아포리아

🦋 배움의공동체연구회와 함께 만들었습니다.
http://www.learningcom.kr

강의 손우정
현 배움의공동체연구회 대표 / 전 하자센터 배움공방 대표 / 전 월간우리교육 기획위원 / 전 서울시 대안교육센터 전문위원

행복한연수원 원격연수　　happy.eduniety.net

30시간 2학점 원격연수

한 명의 아이도 포기하지 않는 배움 만들기!

심화 배움의 공동체
수업이 바뀌면 학교가 바뀐다.

'배움의 공동체-수업이 바뀌면 학교가 바뀐다' 기본 과정을 심화 발전시킨 과정으로,
배움의 공동체 철학이 담긴 수업 속으로 좀 더 깊이 들어가서 살펴봅니다.

이론
- 01. 배움의 공동체란?
- 02. 배움의 공동체에서 말하는 '배움'
- 03. 협동적인 배움의 이론
- 04. 배움의 공동체와 수업 연구
- 05. 배움 디자인
- 06. 수업에서 무엇을 볼 것인가 (수업을 보는 TIP)

국어
- 07. 국어교과와 배움
- 08. 국어과 수업 대화
- 09. 국어과 수업 비평

수학
- 10. 수학교과와 배움
- 11. 수학과 수업 대화
- 12. 수학과 수업 비평

미술
- 13. 미술교과와 배움
- 14. 미술과 수업 대화
- 15. 미술과 수업 비평

역사
- 16. 역사교과와 배움
- 17. 역사과 수업 대화
- 18. 역사과 수업 비평

기술/가정
- 19. 기술/가정교과와 배움
- 20. 기술/가정과 수업 대화
- 21. 기술/가정과 수업 비평

과학
- 22. 과학교과와 배움
- 23. 과학과 수업 대화
- 24. 과학과 수업 비평

영어
- 25. 영어교과와 배움
- 26. 영어과 수업 대화
- 27. 영어과 수업 비평

총정리
- 28. 중학교 실천 사례
- 29. 고등학교 실천 사례
- 30. 총정리 및 질의응답

✤ 배움의공동체연구회와 함께 만들었습니다.
http://www.learningcom.kr

강의 손우정
현 배움의공동체연구회 대표 / 전 하자센터 배움공방 대표 / 전 월간 우리교육 기획위원 / 전 서울시 대안교육센터 전문위원